歴史能力検定

2022年実施 第41回

全 級 問題集

歴史能力検定協会　編

河合出版

はじめに

　世界人口は2022年11月で80億人になりました。国際連合統計によりますと、2030年までに85億人、2050年に97億人と増え、2080年には104億人でピークを迎え、2100年まで続くと予測されています。

　19世紀末から続く人口爆発は「宇宙船地球号」に負荷を与え続け、環境・食糧・エネルギー・資源などあらゆる面で危機をもたらしています。さらに2022年2月のロシアによるウクライナ侵攻や10年以上続いているシリア内戦など、文明や民族間の摩擦からくる紛争や緊張関係、難民問題が絶えず、世界中に混乱をもたらしています。

　日本は世界人口のわずか1.6％ながら世界第三の経済大国、世界あっての日本と言っても言い過ぎではありません。

　日本は、世界の国々や地球のために今いかなる貢献をすべきでしょうか。

　政治、経済、文化、社会あらゆる面で世界や地域との交流が深まり、ＩＴの進化とともに、人・モノ・財・情報が自由に行きかうグローバル時代。特に若い人たちは留学・研修・観光・仕事など世界と交わる機会がますます増加します。

　自由貿易主義をとる日本は、たとえ他国で異なる動きがあったとしても、基本的に地球全体の利益を考え、世界をリードし、行動することが求められます。

　その際、他の国や人々との交流の中で間違いなく必要とされるのが、「コミュニケーション能力」と「歴史についての知識と認識」です。特に「歴史認識」なしに他国や異文化についての理解はあり得ないと言えます。

　世界の未来を拓くために、全地球的視野と共存共栄の精神を持ち、正しく深い歴史認識と相手国の文化や生活習慣への理解のもと、今世紀の半ばには歴史上最大の人口97億人となる地球の持続可能性を図らねばなりません。

　1997年に始めた歴史能力検定は27年目。今までに約56万人を超える方々が受験されました。この「歴史能力検定」受験を機会に歴史を学び、歴史認識を深めた上で自らのアイデンティティを確立し、地球を舞台に活躍する人材が一人でも多く育つことを期待いたします。

　明日の世界はあなたを待っています。

2023年3月

歴史能力検定協会

会長　黒水恒男

もくじ

刊行にあたって

　本書は2022年第41回歴史能力検定の６階級全９種類の試験問題を１冊にまとめたものです。

　2013年８月以降、歴史能力検定の過去問題を収録した書籍は発行されておりませんでした。この間、発行のご要望を多数いただいておりましたが、第35回2016年試験問題から、そのご要望におこたえできることになりました。今後、この過去問題集を通じて皆さまの学習のお手伝いを少しでもできればと考えております。

　さて、歴史能力検定は５級から１級までレベルごとに筆記試験を実施し、合否を判定します。本書は階級別、科目別の問題集になっておらず、学習者の皆さまにとって必要としない級の問題もあろうかと思いますが、実際に受験する級のみならず、隣接する上下の級の問題にも目を向けて、今後の受験機会に向けた学習の目標設定に役立てていただければと思います。また、検定試験実施日には、級をまたいで最大４つの試験を受験することができますので、併願受験の対策・準備に用いていただければと考えております。

歴史能力検定協会

本書の構成と利用法

１．本書の構成
(1)　５級から１級までの順に、問題と解答・解説を収録してあります。
(2)　巻末には全９試験の解答用紙を付けてあります。
　　＊参考事項：実際の検定試験では、問題・解答用紙ともにＡ４判です（本書はＡ５判です）。

２．本書の利用法
(1)　繰り返し解く。

　　本書には各試験１回分の問題しか収録されておりませんが、受験対象級の問題には、繰り返し取り組むことをおすすめします。出題のされ方、問題の性質を理解し、頭に入れておくことは、受験準備の学習時に活きてきます。また、次項(2)に記した時間配分に活かされ、マーク式の解答練習になります。

(2)　時間配分を考える。

　　各級の試験時間は50分です。時間配分を考えて取り組んでください。もし時間配分がうまくいかず、全問に取り組めなかった場合でも最後までやりとげてください。その場合は、どのくらい時間がかかったかを計っておいてください。時間がかかっても正答率が高ければ取り組み方を改善すれば良いのです。

　　人によって時間がかかる要因は異なります。

　　「全体にわたって時間がかかる」「特定の出題形式問題に時間がかかる」「マークをする際、丁寧にしすぎる」など。もしかしたらこれらがすべて当てはまる人もいるかもしれません。しかし、自分はどこで、どのような時間がかかっているかさえ把握し、改善を心がければ、早く取り組めるようになるはずです。

　　一方、早くできても正答率が低ければ、残念な結果になってしまいます。大問ごとに正答率を確かめて、より時間をかけたほうが良い問題はないかを考えてください。

(3)　マーク、記述・論述に慣れる。

　　5級から3級までは選択式問題、2級は選択式問題と記述問題、1級は選択式問題・記述問題・論述問題となっています。

　　付属の解答用紙を用いて解答記入の練習をしながら、記入や筆記にかかる時間の把握をしてください。

　　また、記述・論述の際にはどのくらいの字の大きさで書けば解答欄に収まるのかも考えてください。一度問題を解いたあとで、解答を解答用紙に書き写して清書すると字の大きさの見当がつきます。さらに急いで書いたときに文字が乱れないようにする練習もしておきましょう。

(4)　上下の級の問題を見る。

　　「刊行にあたって」でも触れましたが、次に自分が受ける上の級の問題を受験することを考えている人は、年に1回の検定試験を終えたあとの準備に用いてください。

　　また、下の級の問題を見たり取り組んだりすることは復習や自分の得手・不得手な問題形式、時代・分野を確認するためにも大いに意味があります。

歴史能力検定について

　歴史能力検定試験については歴史能力検定協会のホームページに詳しく案内がなされています。ここでは、概要を簡単に紹介するにとどめていますので、受験をお考えの方は、**必ずホームページ等で正確な情報や詳細をご確認ください。**

　なお、受験申込や資料の請求などのお問い合わせは下記までお願いいたします。

歴史能力検定協会事務局

　歴史能力検定　公式サイト　http//www.rekiken.gr.jp/

　メールアドレス　rekiken@kentei-uketsuke.com

＊公式サイトでは、実施概要、受験申込、練習問題などのほかに、最新の情報が
　掲載されていますので、ぜひご覧ください。

1．検定の概要

(1)　検定試験実施時期と回数、受付期間（予定）

　検　定　日：毎年1回、11月下旬。公開会場と準会場では実施日が異なります。

　申込締切：10月初旬～中旬。団体申込は締切が1週間ほど早まります。

(2)　受験会場

　全国30地区を予定しています。

(3)　試験の種類

　5級から1級まであり、3級以上は「日本史」と「世界史」に分かれます。

　4級の「歴史基本」は日本史と世界史の両科目から問題を作成しており、5級の「歴史入門」は日本史のみを扱います（次頁の表をご参照ください）。

(4)　受験資格

　受験資格は特に設けていませんので、どなたでもお好きな級から受験できます。

(5)　受験のメリット

①ご自身の歴史知識のレベルを客観的に測ることができます。

②歴検合格を目標に歴史を体系的に学ぶことを通じて、世の中のさまざまな出来事の歴史的背景を把握し、今の時代を理解する力が養われます。

③日本史・世界史の2級または1級の合格者は、高等学校卒業程度認定試験の一部受験科目が免除されます。

④日本史2級または1級の合格者は、全国通訳案内士試験の一部受験科目が免除さ

れます。

⑤入試等での評価の対象になる大学・短期大学・高等学校があります。

2．検定級のレベル・内容

＊各級、試験時間50分、100点満点です。

めやす	試験名		出題形式	出題数
小学校	5級	歴史入門	3肢択一問題	40問
中学校	4級	歴史基本	4肢択一問題	50問
	準3級	日本史	4肢択一問題	50問
高校	3級	日本史	4肢択一問題	50問
	3級	世界史	4肢択一問題	50問
	2級	日本史	4肢択一問題、記述問題	50問
	2級	世界史	4肢択一問題、記述問題	50問
大学以上	1級	日本史	4肢択一問題、記述問題、論述問題	30問
	1級	世界史	4肢択一問題、記述問題、論述問題	30問

5級（歴史入門） 小学校修了程度の基本的な日本史の問題です。小学生や中学生が自分の歴史知識を試すのに最適です。出題形式はすべて3肢択一問題です。

4級（歴史基本） 中学生程度の知識があれば受験できます。日本史と世界史を一つにした歴史の常識問題が出題されます。出題形式はすべて4肢択一問題です。

準3級（日本史） 中学校で学ぶ程度の歴史知識を基本としながら、それにとらわれない範囲からも出題されます（※「歴史総合」の教科書からも一部出題）。出題形式はすべて4肢択一問題です。

3級（日本史／世界史） 高校で学ぶ基礎的な歴史知識を問います（※「歴史総合」の教科書からも一部出題）。社会人や高校生が自分の歴史知識を試すのに最適です。出題形式はすべて4肢択一問題です。

2級（日本史／世界史） 出題されるテーマは高校で学ぶ程度のものですが、比較的高度な歴史知識が要求されます。自信のある方むけの試験です。出題形式は

４肢択一問題のほか、記述問題も出題されます。

１級（日本史／世界史） 学校での学習にとらわれない広い範囲から出題されます。出題形式は４肢択一問題をはじめ、記述・論述問題などがあります。

合格者の勉強法

　歴史能力検定１級合格者お二人の勉強法をご紹介します。お二人とも学習指導をしておられるとともに、自らも受験をし、何度も１級に合格しておられます。歴史能力検定受験の豊富な経験をもとにした勉強法を参考にしていただければ幸いです。

＊参考：歴史能力検定協会が授ける称号

　　　　歴史能力検定協会では１級試験の合格回数に応じて次の独自の称号を授けています。

　　　　１級に３回合格：修士、５回合格：博士、10回合格：大博士。

■受験の際の留意点と勉強法　　　　　　　　　　　岩井 竜（日本史大博士）

　歴史能力検定受験に際し、以下の点に気をつけましょう。

(1)　「歴史の流れ」をつかもう。

　　歴史を学習するうえで大切なことは「歴史の流れ」をつかむことです。「歴史の流れ」とは、「共通点、相違点、対比、因果関係、５Ｗ１Ｈ」といった事柄です。歴史を理解するにはこれらの視点が欠かせませんし、正誤問題や論述問題で主に問われるのもこれらです。ですから、教科書や参考書を読む際には、ただ何となく読むのではなく、「歴史の流れ」を意識するようにしましょう。

　　歴史が得意な人たちにとっては、歴史が暗記科目でないことは共通理解となっています。しかし、世間一般には、いまだに「歴史はただ覚えるだけの科目だ」という誤解がはびこっているように思います。一問一答式の学習も大事ですが、それのみにとどまらないことがもっと大事です。

(2)　「アイドル」を見つけよう。

　　マンガ、小説、ドラマに映画。歴史に興味を持ち、学び始めるきっかけは何でもかまいません。これらの作品にふれていると、一人は好きな人物、言ってみれば、自分の「アイドル」が見つかります。好きな人に関することなら、ちょっとした情報でも気になるものです。特に覚えようとしなくても、情報が自然と頭に入ってくることでしょう。

　歴史の中に好きな人物を見つけると、そこから広がって、その人物が生きた時代や影響を及ぼした時代に詳しくなっていきます。こうなれば、遅かれ早かれ、他の時代もものにできるはずです。

　本来は、原始・古代から始めて近・現代へと進んでいくのが理想ですが、好きな人物、好きな時代から歴史の学習に入るというのも一つの方法です。そして、その学習の際に会得した方法が他の時代にも使えるようになるのです。

(3)　好奇心を大切にしよう。

　学習の際には、教科書のみならず用語集や図版、史料集も活用しましょう。気になるものがあったらそれらをこまめに参照して確認するのです。こうした手間を惜しまなければ、学習の過程で思わぬ発見や新たな知識に出合うことになるでしょう。

　興味を覚えたことがあればインターネットで調べたり、新書や専門書にあたってみるのもよいことです。余裕があるなら、博物館や名所・旧跡に足を延ばしましょう。これらの知的な刺激はすべて実力伸長につながるはずです。

(4)　過去問題に取り組もう。

　この問題集を活用し、歴史能力検定の過去問題に取り組んでおきましょう。その際、単に正答・誤答を見るだけの学習に終わらないようにすることがポイントです。解説をじっくり読んで理解を深めるとともに、自分の誤りの理由を考察し、正しい方向に修正しておきましょう。試験日までに何度も復習することも忘れないでください。

　また、3級受験者なら大学入学共通テスト（大学入試センター試験）、2級受験者なら大学入学共通テスト（大学入試センター試験）や私立大学の入試問題、1級受験者なら私立大学、国公立大学の入試問題に取り組んでみるのもよい練習になると思います。

(5)　論述問題にチャレンジしよう。

　1級受験者のみなさんはもちろんですが、そうでない方も、出題の有無にかかわらず、論述問題にチャレンジすることをおすすめします。そうすることで実力が一段と磨かれるからです。

　最初は採点上のポイントが詳しく書かれている参考書や問題集を使って練習し、慣れてきたら採点上のポイントが何であるかを自分でつかめるようにしましょう。そこまで行けば怖いものはありません。

　論述対策を効果的なものにするためには、どの教科書にも載っているような基礎事項をできるだけ早く身につけることと、論理に習熟することが大切です。これらの点に留意した学習を行い、ぜひ合格に十分な論述力を鍛えてください。

■歴史能力検定と歴史学習の目的　　　　　菱沼孝幸（日本史博士・世界史博士）

　子どもの頃から歴史が好きで、学校のテストや大学入試の模擬試験などでは歴史科目だけはだれにも負けたくないと力を入れて勉強しました。ただその頃は歴史能力検定はありませんでした。それから四半世紀を経て初めて歴史能力検定を受けようと思った時は、楽に高得点で合格できると甘く考えていました。

　ところが1級の問題に取り組んでみると、歯が立たない問題が多く、衝撃を受けました。しかし、それが闘志に火をつけました。一年後に受験することを決め、それから毎日必ず問題集を開いて勉強しました。ひと通り終わっても再度同じ問題に繰り返し取り組みました。繰り返すことで問題の形式に慣れ、それが特に誤りを見つける問題を解く時に役立ったと思います。問題の形式に慣れないと、せっかくの実力を十分に発揮することはできないでしょう。

　また、1級の試験を受けるつもりでしたが、2級の問題も1級の問題と同じ比重で勉強しました。2級は1級の基礎であり、何事も基礎が大事であると思ったからです。1級の問題文ともなると、内容自体の奥が深く、読み物としても楽しめ、新たな知的関心も生み出すきっかけともなりました。もちろん問題集だけでなく、幅広く色々な本を読むことも大切です。

　そして、できれば日本史と世界史を両方とも受験することが望ましいと思います。両方を学習することで、日本史も世界史も理解が深まることになるからです。

　歴史能力検定では、「チャブ台の歴史」、「さつまいもの歴史」「病気の歴史」をテーマにした問題も出されています。どんなものにも歴史があり、歴史の学習は、すべての分野に通じています。歴史に照らして考えることで、歴史や物事に対する新たな視点を見出すこともできます。「教養」とは専門的知識や職業にとらわれず、広く学問や芸術を学び、内面を豊かにすることを意味します。歴史の学習の目的は、こうした「教養」を身に付けることにあると思います。

2022年度「歴検授賞式」　特別講演より
■わたしの歴史勉強法

木島基（日本史大博士・世界史大博士）

　私が歴検を初めて知ったのは2004年のことです。もともと世界史が得意だったこともあり2006年から「世界史１級」を受け始め、2008年まで３回合格しました。日本史にはあまり興味はありませんでしたが、翌年に世界史修士の授賞式に参加させて頂いた際に、他の受賞者から「日本人なら日本史もちゃんと勉強すべき」と言われ、大いに反省しました。それまで日本史を系統的に勉強したことはありませんでしたが、一念発起して日本史の勉強も始め、2009年から「日本史１級」に13回連続で合格、「世界史１級」は2006年より16回連続で合格しております。

　さて、私の行っている歴史の勉強法ですが、大きく２つに分けてお話したいと思います。１つ目は、「１級に合格するための勉強法」についてです。

　私は毎年11月の試験に向けて８月末に勉強を始めます。使用する資料は、教科書として山川出版社の『詳説日本史研究』と『詳説世界史研究』。資料集として同じく山川出版社の『詳説日本史図録』、帝国書院の『最新世界史図説タペストリー』を、ほか地図帳として帝国書院の『地歴高等地図』を使用しています。上に挙げた教材を用いつつ大学入試用の問題集（日本史・世界史各２冊ずつ）を解き、最後に１級の過去問を解きます。私が１級合格のために行っている勉強は以上です。

　次に２つ目の勉強法についてですが、これはある出来事がきっかけになりました。

　私が受験を始めた当初は、「世界史１級」が思ったより簡単で物足りなく感じていたのですが、2008年の試験が血の気が引くぐらいの難問だったのです。その年は100点満点中、52点で合格にもかかわらず合格率8.2％という結果でした（私は53点で辛くも合格しました）。それ以来、「通り一遍の勉強では知識が頭打ちになってしまい、難問に対応できないのではないか」と思うようになり、更に深く歴史を勉強することにしました。それが２つ目の話、「歴史を深堀りするための勉強法」です。

　まず世界史と日本史の全集を読むことから始めました。中央公論新社の『世界の歴史』全30巻、講談社学術文庫の『日本の歴史』全26巻を約１年かけて読み、これで自分の歴史に関してのバックボーンができました。

　次に世界史を勉強する際に特に言えることですが、地域によっては教科書の記載が少ないことがあります。例えばウクライナやベトナム、ほかアフリカ・中南米・オーストラリアなどです。私はこのような地域の歴史を勉強するために新書を活用しています。新書では専門家が各分野に関して平易に解説しているので、興味のあ

るテーマを読んで知識を蓄積するようにしています。

　ほか、ラルース（フランス人）*1の『世界史人物百科』*2も活用しています。当たり前のことですが、日本人が見るフランス人と、フランス人が見るフランス人はまったく違います。この本ではルイ14世、ナポレオン1世、ナポレオン3世、ド・ゴールなどフランス人に対する記述が充実しており、異なった視点から知識を深めることができます（逆に日本人に対しての記載は淡白な印象を受けます）。

　　*1　ピエール・ラルース。フランスの百科事典編纂者。
　　*2　『ラルース　図説世界史人物事典』シリーズ。全5巻。フランス語版はラ
　　　　ルース（出版社）刊。日本語版は原書房刊。

　さらに重要なポイントとして「歴史を勉強するのに『歴史の勉強だけ』はありえない」ということを申し上げておきます。まず地理を把握することが重要です。私の場合は、世界197ヶ国の場所・首都を覚えるようにしており、ほかアメリカ合衆国50州の場所・州都、中国の台湾を除く22省の場所・省都も頭に入れるようにしております。知識を整理するため、眠れない時など頭の中で世界一周をすることもあります。

　歴史を勉強するのに地理も大切ですが、さらに私が普段気を付けているのは、もっと広く、哲学・宗教・絵画・建築に至るまで学ぶことです。建築や絵画について出題されることもありますし。そしてなにより、これらについて学ぶことは、人間の幅を広げることにつながります。

　私は普段内科医として勤務しており、仕事柄年上の方を相手にすることが多くなります。その中で、「人生経験の豊富な年長者に対して、自分の考えを伝えて理解してもらうには、医学の専門知識だけでは不十分であり、教養を高め人間の幅を広げることも重要である」という信念を持つに至りました。そのため普段から『論語』『菜根譚』『孫子』『自省録』『学問のすゝめ』なども読み、学びに努めております。

　歴検修士・博士・大博士を目指す方も自分なりの勉強方法を見つけてもらえればと思います。その際に本日の話がお役に立てば何よりです。

　本日はありがとうございました。

2022年11月

歴史能力検定 第41回

5級—歴史入門

——受験上の注意点——

1. 試験監督者の試験開始の指示があるまで、問題用紙は開かないでください。
2. 試験開始前に、解答用紙に必要事項を記入し、誤りがないか確認してください。
3. 問題文は13ページまでありますので、欠けているページがないか、最初に確認してください。
4. 解答用紙の受験番号欄には、必ず受験番号（10桁）をマークしてください。
   ※受験番号が正しくマークされていない場合は採点されません。
5. 問題文には、各冒頭部分に問番号（**問1**、**問2**……）がついていますが、これとは別に、文末部分に四角で囲った番号がそれぞれついています（ 1 、 2 、 3 ……）。この四角で囲った番号に対応する解答欄に、解答をマークしてください。
   なお、問番号と、四角で囲った番号とは、必ずしも一致しませんので、ご注意ください。
6. 各問題には、正解肢が必ず1つあります。正解肢のない問題も、2つ以上正解肢のある問題もありません。正解と考える肢1つを選択し、該当番号をマークしてください。
   マークの仕方や消し方が悪いと採点されませんので、次の事項に十分注意してください。
   イ．記入はHB以上の鉛筆またはシャープペンシルを使用し、はっきりとわかるようにすること（サインペン・万年筆・ボールペンは不可）
   ロ．訂正は消しゴムで跡が残らないように完全に消すこと
   ハ．所定の場所以外に文字等を記入しないこと
   ニ．解答用紙を折り曲げたり汚したりしないこと
7. 試験時間中は、出題問題についての質問は受け付けません。
8. 試験時間は50分です。
9. 試験時間中に、トイレを使用する等でやむをえず席を立つ場合には、試験監督者の許可を受けた上で、隣の人の迷惑にならないよう静かに移動してください。
10. 試験時間中の飲食等を禁止します。
11. 試験終了の合図があり次第、筆記用具をおき、試験監督者の合図があるまでは席を立たないでください。なお、質問、トイレのための退席等、理由の如何を問わず、試験時間は延長しません。
12. 不正行為をした場合、答案は無効となります。

——準会場（団体受験）で受験される方——

この問題冊子は試験終了後に回収します。試験当日の持ち帰りは禁止です。
再配布時期は団体責任者にご確認ください。

歴史能力検定協会

　縄文時代から飛鳥時代の遺跡や建築物に関する次の地図と文章を見て、あとの問いに答えなさい。

【（　ア　）】
青森県にある(a)縄文時代を代表する遺跡である。たて穴住居のあとや、土器などが多く見つかっている。

【吉野ヶ里遺跡】
佐賀県にある(b)弥生時代を代表する遺跡である。この遺跡からは祭りに使われた(c)銅たくなどが見つかっている。

【(d)江田船山古墳】
熊本県にある古墳で、この古墳から（　イ　）の名前が刻まれた鉄刀が見つかっている。

【（　ウ　）】
奈良県にある寺で、現存する世界最古の木造建築である。仏教をあつく信仰していた(e)聖徳太子がたてた。

18

問1　（　ア　）にあてはまる遺跡の名前として正しいものを、次の①～③のうちから一つ選べ。　⎡1⎤
①　板付遺跡　　②　登呂遺跡　　③　三内丸山遺跡

問2　下線部(a)に関連して、この時代の人びとの生活について述べた文として正しいものを、次の①～③のうちから一つ選べ。　⎡2⎤
①　狩りや採集をおこなった。
②　鉄製の道具を使って、稲作をおこなった。
③　はにわをつくって、墓の周りをかざった。

問3　下線部(b)に関連して、弥生時代に存在した邪馬台国の女王卑弥呼について述べた文として正しいものを、次の①～③のうちから一つ選べ。　⎡3⎤
①　寝殿造のやしきで暮らした。
②　中国の皇帝に使いをおくった。
③　国をおさめるための法律である律令をつくった。

問4　下線部(c)について、弥生時代に祭りで使われた銅たくとして正しいものを、次の①～③のうちから一つ選べ。　⎡4⎤

①　　　　　　　　　　② 　　　　　　　　　　③

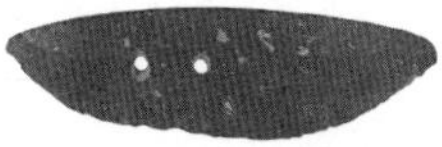

—2—

問5　下線部(d)の江田船山古墳のほか、仁徳天皇 陵 古墳（大仙古墳）などで知られる古墳の
　　　形として正しいものを、次の①～③のうちから一つ選べ。　　　　　　　　　　　5
　　①　円墳　　　　　②　方墳　　　　　③　前方後円墳

問6　（　イ　）にあてはまる人物の名前として正しいものを、次の①～③のうちから一つ選
　　　べ。　　　　　　　　　　　　　　　　　　　　　　　　　　　　　　　　　6
　　①　ヤマトタケル　　　　②　中大兄皇子　　　　③　ワカタケル大王

問7　（　ウ　）にあてはまる建築物の名前として正しいものを、次の①～③のうちから一つ
　　　選べ。　　　　　　　　　　　　　　　　　　　　　　　　　　　　　　　　7
　　①　唐招提寺　　　　②　法隆寺　　　　③　龍安寺

問8　下線部(e)について述べた文として正しいものを、次の①～③のうちから一つ選べ。
　　　　　　　　　　　　　　　　　　　　　　　　　　　　　　　　　　　　　　8
　　①　安土城 をつくらせた。
　　②　十七条 の憲法を定めた。
　　③　国ごとに国分寺をたてることを命じた。

次の【A】〜【C】は、奈良時代から鎌倉時代の文化財の一部についてまとめたものである。これを見て、あとの問いに答えなさい。

【A】奈良時代

　右の写真は弦が5本ある「琵琶」である。これはインドで生まれ、シルクロードをへて日本に伝わったと考えられている。こうした宝物は、今でも(a)東大寺にある宝庫におさめられている。東大寺は、聖武天皇がつくらせた(b)大仏があることでも知られている。

問1　下線部(a)に関連して、東大寺にある、校倉造でつくられた宝庫として正しいものを、次の①〜③のうちから一つ選べ。　　　　　　　　　9

①

②

③

問2　下線部(b)に関連して、この大仏づくりに協力した僧の名前として正しいものを、次の①〜③のうちから一つ選べ。　　　　　　10
①　行基　　　②　鑑真　　　③　雪舟

【B】平安時代

　右の絵は、物語を読む貴族の女性をえがいた（　ア　）である。このころ、漢字からかな文字が生まれ、(c)和歌や物語などに使われるようになった。(d)紫式部や紀貫之も、かな文字による作品をあらわした。

問3　（　ア　）にあてはまる言葉として正しいものを、次の①〜③のうちから一つ選べ。

　　　11

①　浮世絵　　　　②　すみ絵（水墨画）　　　③　大和絵

問4　下線部(c)に関連して、次の和歌をよんだ人物の名前として正しいものを、あとの①〜③のうちから一つ選べ。

　　　12

　　この世をば　わが世とぞ思ふもち月の　かけたることも　なしと思へば

①　清少納言　　　②　藤原道長　　　③　山上憶良

問5　下線部(d)に関連して、紫式部が書いた作品の名前として正しいものを、次の①〜③のうちから一つ選べ。

　　　13

①　『日本書紀』　　　②　『土佐日記』　　　③　『源氏物語』

【C】鎌倉時代

　右の絵は、戦いに備える(e)武士の生活をえがいたもの
である。武士である 源 頼朝は(f)鎌倉幕府を開き、武
家中心の政治をおこなった。この時代の絵には、幕府と
(g)元との戦いのようすをえがいたものなど、武士の活や
くをあらわしたものが多く見られる。

問6　下線部(e)に関連して、武士としてはじめて太政大臣の地位についた人物の名前として
　　　正しいものを、次の①～③のうちから一つ選べ。　　　　　　　　　14
　　①　平 清盛　　　②　足利尊氏　　　③　藤原清衡

問7　下線部(f)に関連して、鎌倉幕府において将軍を補佐するためにおかれた役職の名前と
　　　して正しいものを、次の①～③のうちから一つ選べ。　　　　　　　15
　　①　執権　　　②　大老　　　③　老中

問8　下線部(g)に関連して、元軍の攻撃に備えて防塁が築かれた場所として正しいものを、次
　　　の地図中の①～③のうちから一つ選べ。　　　　　　　　　　　　　16

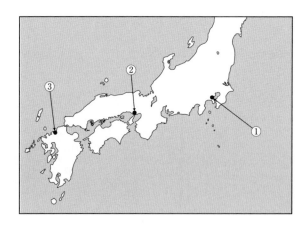

3

　室町時代から江戸時代にかけておこったできごとについてまとめた次の年表を見て、あとの
問いに答えなさい。

年	できごと
1368	(a)足利義満が征夷大将軍になる。
1489	足利義政が(b)銀閣をたてる。
1560	(c)織田信長が桶狭間の戦いで（　ア　）をやぶる。
1575	(d)長篠の戦いがおこる。
1585	(e)豊臣秀吉が関白になる。
1600	（　イ　）がおこる。
1603	徳川家康が(f)江戸幕府を開く。

問1　下線部(a)について述べた文として**誤っているもの**を、次の①〜③のうちから一つ選べ。

　　　　　　　　　　　　　　　　　　　　　　　　　　　　　　　　　　　　　　17

　①　京都に金閣をたてた。
　②　明との貿易をおこなった。
　③　全国に一国一城令をだした。

問2　下線部(b)や近くにある東求堂には現代の和室のもとになった書院造が見られる。書院
　　造に見られるものとして**誤っているもの**を、次の①〜③のうちから一つ選べ。　　18
　①　ふすま　　　②　天守　　　③　違い棚

問3　下線部(c)がおこなったことについて述べた文として**正しいもの**を、次の①〜③のうちか
　　ら一つ選べ。　　　　　　　　　　　　　　　　　　　　　　　　　　　　　　19
　①　武家諸法度を定めた。
　②　キリスト教を保護した。
　③　朝鮮に大軍をおくった。

問4 （　ア　）にあてはまる、織田信長が桶狭間の戦いでやぶった大名として正しいものを、
次の①～③のうちから一つ選べ。　　　　　　　　　　　　　　20

① 今川氏　　　② 島津氏　　　③ 毛利氏

問5 下線部(d)について述べた文として正しいものを、次の①～③のうちから一つ選べ。
　　　　　　　　　　　　　　21

① 武田氏と上杉氏が戦った。
② 多くの鉄砲が使用された。
③ 九州が戦場となった。

問6 下線部(e)について述べた文として正しいものを、次の①～③のうちから一つ選べ。
　　　　　　　　　　　　　　22

① 解放令をだした。
② 検地をおこない、田畑の広さをはかった。
③ 日本地図を完成させた。

問7 （　イ　）にあてはまる戦いの名前として正しいものを、次の①～③のうちから一つ選
べ。　　　　　　　　　　　　　　23

① 屋島の戦い　　　② 一ノ谷の戦い　　　③ 関ヶ原の戦い

問8 下線部(f)に関連して、江戸幕府のもとでは、人びとは武士、百姓、町人などの身分
に区別されていた。江戸時代の百姓の割合として正しいものを、次のグラフ中の①～③の
うちから一つ選べ。　　　　　　　　　　　　　　24

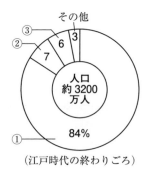

その他

③
②　7　6　3

人口
約3200
万人

① 84%

（江戸時代の終わりごろ）

　次の【A】〜【D】のカードは、江戸時代から明治時代にかけて活やくした人物と関連する
できごとについてまとめたものである。これを見て、あとの問いに答えなさい。

<人物>

【A】天草四郎
あまくさしろう

<人物についてのメモ>

・島原（長崎県）や天草（熊本県）の人びとが天草四郎を中心に、
　重い年貢やキリスト教に対する取りしまりに反対して、(a)島
　原・天草一揆をおこした。
・この一揆の後、幕府は(b)貿易をおこなう場所の制限を強化した。

【B】本居宣長
もとおりのりなが

・松阪（三重県）で生まれた(c)医者。
・日本の古典を研究し、約35年かけて（　ア　）を書きあげ、国
　学を発展させた。

【C】ペリー

・（　イ　）の使節として、軍艦をひきいて神奈川県の浦賀沖に
　来航した。
・ペリー来航の翌年に幕府は開国し、(d)江戸時代の初期から200
　年以上続いた鎖国の状態は終わった。

【D】大久保利通
おおくぼとしみち

・(e)倒幕運動の中心となった政治家のひとり。
・(f)明治政府では政府の指導者として、近代日本の方向性を定め
　た。

問1　下線部(a)に関連して、この一揆がおこったときの将軍の名前として正しいものを、次の
　　①〜③のうちから一つ選べ。　　　　　　　　　　　　　　　　　　　　　　　25
　　①　徳川吉宗　　　②　徳川慶喜　　　③　徳川家光

問2　下線部(b)に関連して、アイヌの人びととの交易を許されていた藩の名前として正しいも
　　のを、次の①〜③のうちから一つ選べ。　　　　　　　　　　　　　　　　　26
　　①　加賀藩　　　②　対馬藩　　　③　松前藩

問3　下線部(c)に関連して、江戸時代の医者で、『解体新書』を出版した人物の名前として正
　　しいものを、次の①〜③のうちから一つ選べ。　　　　　　　　　　　　　　27
　　①　伊能忠敬　　　②　歌川広重　　　③　杉田玄白

問4　（　ア　）にあてはまる作品の名前として正しいものを、次の①〜③のうちから一つ選
　　べ。　　　　　　　　　　　　　　　　　　　　　　　　　　　　　　　　　28
　　①　『枕草子』　　　②　『古事記伝』　　　③　『曽根崎心中』

問5　（　イ　）にあてはまる国の名前として正しいものを、次の①〜③のうちから一つ選べ。
　　　　　　　　　　　　　　　　　　　　　　　　　　　　　　　　　　　　　29
　　①　オランダ　　　②　スペイン　　　③　アメリカ

問6　下線部(d)に関連して、江戸時代のできごととして誤っているものを、次の①〜③のうち
　　から一つ選べ。　　　　　　　　　　　　　　　　　　　　　　　　　　　　30
　　①　徴兵令がだされた。
　　②　天保の大ききんがおこった。
　　③　大塩平八郎が大阪で反乱をおこした。

問7　下線部(e)に関連して、倒幕運動の中心となり、五箇条の御誓文の作成に関わった人物
　　の名前として正しいものを、次の①〜③のうちから一つ選べ。　　　　　　　31
　　①　木戸孝允　　　②　東郷平八郎　　　③　夏目漱石

問8　下線部(f)に関連して、明治政府がおこなった政策として正しいものを、次の①〜③のう
　　ちから一つ選べ。　　　　　　　　　　　　　　　　　　　　　　　　　　　32
　　①　参勤交代　　　②　楽市・楽座　　　③　廃藩置県

　次の【A】～【C】は、明治時代から昭和時代にかけての産業とそれに関連するできごとについてまとめたものである。これを見て、あとの問いに答えなさい。

【A】
　明治時代になると、政府は近代的な工業をはじめるために、外国から技術者や学者を招いた。(a)1872年には右の写真にある官営富岡製糸場が完成し、製糸業が発展した。(b)日露戦争後には造船や機械などの重工業も発展した。

問1　下線部(a)に関連して、1872年のできごととして正しいものを、次の①～③のうちから一つ選べ。　　　　　　　　　　　　　　　　　　　　　　　　　 [33]
　①　日清戦争がはじまった。
　②　新橋・横浜間に鉄道が開通した。
　③　第1回の国会が開かれた。

問2　下線部(b)に関連して、日露戦争の講和条約で日本が獲得した地域として正しいものを、次の地図中の①～③のうちから一つ選べ。　　　　　　　　　　 [34]

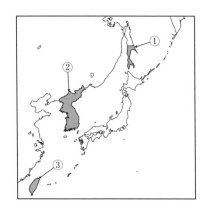

【B】
　右の写真は足尾銅山である。衆議院議員の（　ア　）は、ここから流れ出た鉱毒がもたらした問題について、明治時代に何度も政府にうったえた。
　(c)大正時代になると、社会問題の改善を求める運動がさかんになり、女性の地位向上を目的とする(d)新婦人協会が設立された。

問3　（　ア　）にあてはまる人物の名前として正しいものを、次の①〜③のうちから一つ選べ。　35
　①　北里柴三郎　　　②　田中正造　　　③　野口英世

問4　下線部(c)に関連して、大正時代のできごとについて述べた文として正しいものを、次の①〜③のうちから一つ選べ。　36
　①　国際連盟が発足し、新渡戸稲造が事務局次長に就任した。
　②　満州にいた日本軍が中国軍を攻撃し、満州事変がおこった。
　③　ノルマントン号事件がおこり、条約改正が求められた。

問5　下線部(d)について、新婦人協会を設立した人物の名前として正しいものを、次の①〜③のうちから一つ選べ。　37
　①　市川房枝　　　②　津田梅子　　　③　与謝野晶子

【C】
　1945年（　イ　）、広島に原子爆弾が投下され、まもな
く戦争が終結した。日本は連合国軍によって占領された
が、(e)1952年には主権を回復した。その後、日本は急速に
産業を発展させ、右の写真のような大規模なコンビナート
が各地につくられた。多くの製品も生まれ、(f)「３Ｃ」と
よばれる製品が多くの家庭に広まった。

問6　（　イ　）にあてはまる日付として正しいものを、次の①～③のうちから一つ選べ。
　　　　　　　　　　　　　　　　　　　　　　　　　　　　　　　　　　38

　①　８月６日　　　②　８月８日　　　③　８月９日

問7　下線部(e)に関連して、日本が主権を回復した後のできごととして正しいものを、次の①
　　　～③のうちから一つ選べ。　　　　　　　　　　　　　　　　　　　39
　①　日本国憲法が公布された。
　②　全国水平社がつくられた。
　③　国際連合への加盟がみとめられた。

問8　下線部(f)について、「３Ｃ」に数えられた製品として誤っているものを、次の①～③の
　　　うちから一つ選べ。　　　　　　　　　　　　　　　　　　　　　40
　①　カー（自動車）　　　②　カメラ　　　③　カラーテレビ

歴史能力検定 第41回（2022年）
5級—歴史入門 解答・解説

1—③	2—①	3—②	4—③	5—③
6—③	7—②	8—②	9—②	10—①
11—③	12—②	13—③	14—①	15—①
16—③	17—②	18—②	19—①	20—②
21—②	22—②	23—②	24—①	25—③
26—③	27—③	28—②	29—③	30—②
31—①	32—③	33—①	34—①	35—②
36—①	37—①	38—①	39—③	40—②

1

1．青森県にある縄文時代の遺跡は③三内丸山遺跡。①板付遺跡は福岡県、②登呂遺跡は静岡県にある。

2．②稲作に鉄製の道具が使われるようになったのは弥生時代。③はにわをつくり、当時の墓（古墳）の周りにかざったのは古墳時代。

3．②邪馬台国の女王卑弥呼は中国の皇帝に使いをおくり、倭王の称号をあたえられた。①寝殿造のやしきで暮らしたのは平安時代の貴族。③律令がつくられたのは8世紀はじめ。

4．弥生時代の祭りで使われた銅たくは③。①は弥生時代に稲をかりとるために使われた石包丁、②は古墳時代につくられたくつ。

5．江田船山古墳や仁徳天皇陵古墳（大仙古墳）は③前方後円墳である。

6．熊本県の江田船山古墳からは③ワカタケル大王の名が刻まれた鉄刀が見つかっている。

7．聖徳太子がたてた、現存する世界最古の木造建築の寺は②法隆寺。

8．①安土城をつくらせたのは織田信長。③国ごとに国分寺をたてることを命じたのは聖武天皇。

2

9．東大寺にある、校倉造でつくられた宝庫とは、②の正倉院。①は熊野本宮大社、③は平等院鳳凰堂。

10．①行基は弟子たちとともに人びとによびかけ、大仏づくりに協力した。②鑑真は日本に仏教や薬草の知識を広めた。③雪舟はすみ絵（水墨画）を芸術として大成させた。

11．③大和絵は平安時代に発達した。

12．②藤原道長が、世の中に自分の思い通りにならないことはない、という意味の「もち月の歌」をよんだ。

13．紫式部が書いたのは③『源氏物語』。①『日本書紀』は8世紀ごろに天皇の命令でつくられた。②『土佐日記』は紀貫之によって書かれた。

14．武士としてはじめて太政大臣になったのは①平清盛。②足利尊氏は室町幕府を開き、③藤原清衡は平泉に中尊寺をたてた。

15．鎌倉幕府において将軍を補佐する役職は①執権。②③は江戸幕府における役職。

16．③は博多湾。防塁は、元との2度目の戦いに備えて博多湾ぞいに築かれた。

3

17．③全国に一国一城令をだしたのは江戸幕府（徳川家康と徳川秀忠）。

18．②天守は城に見られる建造物。書院造には①ふすま、③違い棚のほかに、障子などが見られる。

19．①武家諸法度は徳川家康と徳川秀忠のもとで

定められてから、原則として将軍の代がわりごとに改定された。③朝鮮に大軍をおくったのは、豊臣秀吉。

20. 織田信長は桶狭間の戦いで①今川氏をやぶった。

21. ①武田氏と上杉氏が戦ったのは川中島の戦い。③長篠の戦いは、三河国（現在の愛知県）でおこった。

22. ①解放令は明治時代にだされた。③日本地図は伊能忠敬やその友人、弟子たちが完成させた。

23. 1600年におこった戦いは③関ヶ原の戦い。この戦いに勝利した徳川家康は全国支配を確かなものにした。①②はどちらも12世紀におこった、源氏と平氏の戦い。

24. 江戸時代の人口の80％以上は①百姓であった。江戸幕府のもとで他の身分の者を支配する身分とされた②武士は、多くの特権をあたえられていた。百姓や③町人（商人や職人）は、武士の暮らしを支える身分とされた。

4

25. 島原・天草一揆がおこったときの将軍は③徳川家光。①徳川吉宗は目安箱を設け、人びとの意見を参考にしながら政治をおこなった。②徳川慶喜は1867年に政権を朝廷に返した。

26. ③松前藩はアイヌの人びとと交易をおこない、本州の産物と海産物や毛皮を取引した。

27. ③杉田玄白は前野良沢と蘭学を学び、『解体新書』を出版した。①伊能忠敬は、日本地図を作成した。②歌川広重は浮世絵師で、『東海道五十三次』などをえがいた。

28. ①『枕草子』は清少納言、③『曽根崎心中』は近松門左衛門によって書かれた。

29. ペリーは③アメリカの使者。大統領からの手紙を幕府にわたし、開国を求めた。

30. ①徴兵令がだされたのは明治時代の1873年。

31. ①木戸孝允は倒幕運動の中心となり、五箇条の御誓文の作成に関わった。②東郷平八郎は日露戦争の日本海海戦においてロシア艦隊をやぶった。③夏目漱石は小説家で『吾輩は猫である』などを書いた。

32. ①参勤交代は江戸時代、徳川家光のころに制度として整えられた。②楽市・楽座は織田信長らが城下町での自由な商売をみとめた政策。

5

33. ①日清戦争は1894年にはじまり、③第1回の国会は1890年に開かれた。

34. 日露戦争の講和条約で、日本は①の樺太の南部と、満州の鉄道などを獲得した。②は1910年の韓国併合によって日本が植民地化した朝鮮半島。③は1895年に日清戦争の講和条約で獲得した台湾。

35. ②足尾銅山の鉱毒問題では衆議院議員であった田中正造が、鉱山の操業停止と被害にあった人びとの救済を政府に何度もうったえた。①北里柴三郎は破傷風の治療方法を発見した。③野口英世は黄熱病の研究をした。

36. ①国際連盟は1920年に発足し、新渡戸稲造は6年間事務局次長をつとめた。②満州事変は昭和時代の1931年に、③ノルマントン号事件は明治時代の1886年におこった。

37. ①市川房枝や平塚らいてうは女性の地位向上をめざす運動をおこない、新婦人協会を設立した。②津田梅子は岩倉使節団に同行してアメリカに留学し、帰国後は女子英学塾（現在の津田塾大学）をつくった。③与謝野晶子は日露戦争に反対する詩をよんだ。

38. 広島に原子爆弾が投下されたのは、1945年①8月6日。1945年②8月8日は、ソ連が日本と互いに戦わないという条約をやぶって満州にせめこんだ日。1945年③8月9日に長崎に原子爆弾が投下された日。

39. ③国際連合への加盟がみとめられたのは1956年。①日本国憲法が公布されたのは1946年。②全国水平社がつくられたのは1922年。

40. 3Cはカー、クーラー、カラーテレビのこと。

2022年11月

歴史能力検定　第41回

4級—歴史基本

――受験上の注意点――

1. 試験監督者の試験開始の指示があるまで、問題用紙は開かないでください。
2. 試験開始前に、解答用紙に必要事項を記入し、誤りがないか確認してください。
3. 問題文は15ページまでありますので、落丁がないか、最初に確認してください。
4. 解答用紙の受験番号欄には、必ず受験番号（10桁）をマークしてください。
   ※受験番号が正しくマークされていない場合は採点されません。
5. 問題文には、各冒頭部分に問番号（**問1**、**問2**……）がついていますが、これとは別に、文末部分に四角で囲った番号がそれぞれついています（ 1 、 2 、 3 ……）。
   この四角で囲った番号に対応する解答欄に、解答をマークしてください。
   なお、問番号と、四角で囲った番号とは、必ずしも一致しませんので、ご注意ください。
6. 各問題には、正解肢が必ず1つあります。正解肢のない問題も、2つ以上正解肢のある問題もありません。正解と考える肢1つを選択し、該当番号をマークしてください。
   マークの仕方や消し方が悪いと採点されませんので、次の事項に十分注意してください。
   イ. 記入はHB以上の鉛筆またはシャープペンシルを使用し、はっきりとわかるようにすること（サインペン・万年筆・ボールペンは不可）
   ロ. 訂正は消しゴムで跡が残らないように完全に消すこと
   ハ. 所定の場所以外に文字等を記入しないこと
   ニ. 解答用紙を折り曲げたり汚したりしないこと
7. 試験時間中は、出題問題についての質問は受け付けません。
8. 試験時間は50分です。
9. 試験時間中に、トイレを使用する等でやむをえず席を立つ場合には、試験監督者の許可を受けた上で、隣の人の迷惑にならないよう静かに移動してください。
10. 試験時間中の喫煙・飲食等を禁止します。
11. 試験終了の合図があり次第、筆記用具をおき、試験監督者の合図があるまでは席を立たないでください。なお、質問、トイレのための退席等、理由の如何を問わず、試験時間は延長しません。
12. 不正行為をした場合、答案は無効となります。

――準会場（団体受験）で受験される方――

この問題冊子は試験終了後に回収します。試験当日の持ち帰りは禁止です。
再配布時期は団体責任者にご確認ください。

歴史能力検定協会

原始・古代に関する次の【A】・【B】の文章を読み、あとの問いに答えなさい。

【A】　人類の出現と農業のはじまり

　もっとも古い人類は、アフリカに出現した(a)猿人である。人類が道具を用いて、移動しながら狩猟・採集生活をいとなんだ時代は、今から約1万年前まで続いた。約1万年前に氷期が終わると、各地で農耕や牧畜がはじまり、(b)メソポタミア地域などで文明がさかえた。約1万2000年前の(c)縄文時代の日本列島では、人びとはたて穴住居に定住して、狩猟・採集をおこなっていた。農耕は、縄文時代の終わりごろから(d)弥生時代にかけて稲作が伝えられて以降、本格的におこなわれるようになった。

問1　下線部(a)の説明として正しいものを、次の①～④のうちから一つ選べ。　　　　[1]
　①　火の使用をはじめた。
　②　直立二足歩行をはじめた。
　③　洞くつに動物の壁画をえがきはじめた。
　④　磨製石器を使いはじめた。

問2　下線部(b)に関連して、メソポタミア文明の説明として正しいものを、次の①～④のうちから一つ選べ。　　　　[2]
　①　ハンムラビ法典がつくられた。
　②　ピラミッドがつくられた。
　③　太陽暦が発明された。
　④　甲骨文字が使われた。

問3 下線部(c)に関連して、縄文時代の人びとが祈りのためにつくった、次の道具の名称として正しいものを、あとの①〜④のうちから一つ選べ。　　　　3

①　まが玉　　②　土偶　　③　銅鏡　　④　埴輪

問4 下線部(d)に関連して、弥生時代の説明として**誤っている**ものを、次の①〜④のうちから一つ選べ。　　　　4
①　渡来人が須恵器の製法を伝えた。
②　鉄器が武器や農具などに使われた。
③　銅剣や銅矛がおもに祭りのための宝物として使われた。
④　米が高床倉庫に保管された。

【B】　古代の中国・朝鮮半島と日本の関わり

　古代の日本のようすは、(e)中国の歴史書から知ることができる。紀元前1世紀ごろ、紀元後3世紀ごろの倭（日本）の国が中国の皇帝に使いをおくり、5世紀ごろの大和政権の王が中国に使いをおくっていたことがわかっている。また、倭の軍と（　ア　）の軍が戦ったとする記録が、好太王（広開土王）碑に残されている。

　7世紀ごろの日本では、中国や朝鮮半島の影響をうけて、(f)仏教を中心とした文化がさかえた。中国の歴史書には、(g)推古天皇の時代に中国と対等な外交を結ぼうとしたことが記されている。その後、7世紀から8世紀にかけて、中国とのあいだで留学生や学問僧の行き来がさかんになった。(h)中国にならった制度が整備され、中国の都にならった(i)平城京がつくられた。

問5　下線部(e)に関連して、紀元前の中国で、北方の遊牧民の侵入に備えて整備がはじめられた建造物の写真として正しいものを、次の①～④のうちから一つ選べ。　5

①

②

③

④

問6　空欄（　ア　）にあてはまる国名として正しいものを、次の①～④のうちから一つ選べ。　6

　①　百済　　　②　高句麗　　　③　呉　　　④　蜀

問7　下線部(f)に関連して、7世紀にさかえた仏教を中心とした文化の名称として正しいものを、次の①～④のうちから一つ選べ。　7

　①　飛鳥文化　　　②　天平文化　　　③　元禄文化　　　④　北山文化

問8　下線部(g)に関連して、推古天皇の時代に活躍した人物の名前として誤っているものを、次の①～④のうちから一つ選べ。　8

　①　小野妹子　　　②　聖徳太子　　　③　日野富子　　　④　蘇我馬子

問9　下線部(h)に関連して、口分田の面積に応じて稲をおさめさせる税の名称として正しいものを、次の①～④のうちから一つ選べ。　9

　①　租　　　②　調　　　③　庸　　　④　雑徭

問10　下線部(i)に関連して、平城京で使われた貨幣の名称として正しいものを、次の①～④のうちから一つ選べ。　10

　①　天保小判　　　②　和同開珎　　　③　寛永通宝　　　④　永楽通宝

古代から中世にかけてのおもなできごとについてまとめた次の年表を見て、あとの問いに答えなさい。

時　期	できごと
7世紀はじめ	A
743年	(a)聖武天皇が大仏の造立を命じた。 （　ア　）がだされた。
794年	桓武天皇が（　イ　）に都を移した。
9世紀後半	B
10世紀前半	(b)地方の武士が反乱をおこした。
11世紀前半	(c)藤原頼通が摂関政治をおこなった。
(d)11世紀後半	白河天皇が子に位をゆずり、上皇となって(e)院政をおこなった。
12世紀前半	C
12世紀後半	(f)源平の争乱がはじまった。
1221年	後鳥羽上皇が(g)承久の乱をおこした。
13世紀後半	D

問1　下線部(a)に関連して、聖武天皇がたてた寺院として正しいものを、次の①〜④のうちから一つ選べ。　　　　　　　　　　　　　　　　　　　　　　　　　　　　　11

①　鹿苑寺　　　②　本能寺　　　③　金剛峯寺　　　④　東大寺

問2　空欄（　ア　）にあてはまる語句として正しいものを、次の①〜④のうちから一つ選べ。
12

①　大宝律令　　　②　墾田永年私財法　　　③　班田収授法　　　④　永仁の徳政令

問3　空欄（　イ　）にあてはまる語句として正しいものを、次の①〜④のうちから一つ選べ。　　13

① 長岡京　　② 紫香楽宮　　③ 平安京　　④ 難波宮

問4　下線部(b)に関連して、藤原純友が反乱をおこした地方として正しいものを、次の①〜④のうちから一つ選べ。　　14

① 東北地方　　② 関東地方　　③ 中部地方　　④ 瀬戸内地方

問5　下線部(c)に関連して、藤原頼通がつくらせたものとして正しいものを、次の①〜④のうちから一つ選べ。　　15

① 平等院鳳凰堂　　② 東求堂同仁斎　　③ 『古今和歌集』　　④ 『万葉集』

問6　下線部(d)に関連して、11世紀後半の世界のできごととして正しいものを、次の①〜④のうちから一つ選べ。　　16

① 十字軍の遠征がはじまった。
② マゼランの船隊が世界一周をなしとげた。
③ インドにムガル帝国が成立した。
④ ムハンマドがイスラム教を開いた。

問7　下線部(e)に関連して、院政とその影響について述べた文として**誤っているもの**を、次の①〜④のうちから一つ選べ。　　17

① 多くの荘園が上皇に寄進されるようになった。
② 武士が政治の上で大きな力をもつようになった。
③ 天台宗などの新しい仏教が開かれ、貴族のあいだで信仰された。
④ 天皇と上皇の対立などから、保元の乱がおこった。

問8　下線部(f)に関連して、源平の争乱で活躍し、のちに奥州藤原氏にかくまわれた人物の名前として正しいものを、次の①〜④のうちから一つ選べ。　　18

① 平将門　　② 平清盛　　③ 源義朝　　④ 源義経

問9　下線部(g)に関連して、承久の乱の後、六波羅探題がおかれた場所として正しいものを、次の地図中の①～④のうちから一つ選べ。　　19

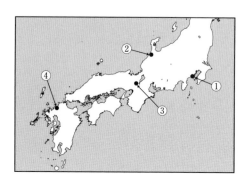

問10　年表中のＡ～Ｄの時期のうち、「文永の役がおこった。」が入る時期として正しいものを、次の①～④のうちから一つ選べ。　　20

①　Ａ　　　②　Ｂ　　　③　Ｃ　　　④　Ｄ

3

　室町時代から江戸時代の貿易・交易や交通に関する次の文章を読み、あとの問いに答えなさい。

　室町時代には、(a)室町幕府のもとで日明貿易（勘合貿易）がはじまり、明からはおもに（　ア　）などが輸入された。蝦夷地の(b)アイヌ民族とは、蝦夷地南部に移り住んだ本州の人びと（和人）とのあいだで交易がおこなわれた。中継貿易でさかえた琉球王国からは、東南アジアの産物がもたらされた。国内では、商業の発展にともない交通の整備が進み、馬借や問といった運送業者が、年貢米などの運送をになった。

　戦国時代から安土桃山時代にかけては、南蛮人とよばれるヨーロッパの人びとが来航し、南蛮貿易がさかんにおこなわれた。南蛮貿易では鉄砲や時計などがもたらされ、日本側は(c)銀で支払いをおこなった。新しい学問や技術も日本に伝えられ、(d)南蛮文化がさかえた。(e)イエズス会の宣教師がキリスト教の布教のために来日したのも、このころである。

　江戸時代には、当初は貿易が推奨されていたが、しだいに外国との貿易は制限されるようになった。一方、国内では、(f)五街道をはじめとする主要な交通網が整備され、幕府は各地に関所をおいて人びとの通行を監視した。街道には宿場も整備され、(g)参勤交代の大名が宿泊する本陣がつくられた。海路では、東北地方などから大阪や江戸に年貢米を運送するために西廻り航路や東廻り航路が開かれ、各地の港町がにぎわった。(h)田沼意次の時代などに経済発展がうながされるなかで、庶民による寺社や温泉などへの旅行がさかんになると、各地の名所をえがいた(i)浮世絵も流行した。

問1　下線部(a)に関連して、南北朝の動乱と室町幕府について述べた次の文章を読み、波線部①〜④のなかから誤っているものを一つ選べ。　　　　21

　建武の新政に対して武士の不満が高まり、足利尊氏は京都に天皇をたて（北朝）、①後白河天皇は②吉野にのがれた（南朝）。1338年に尊氏は北朝から③征夷大将軍に任命され、京都に幕府を開いた。南朝と北朝にわかれた朝廷は、④足利義満のときに統一された。

問2　空欄（　ア　）にあてはまる品物として正しいものを、次の①〜④のうちから一つ選べ。　　　　22

①　硫黄　　　②　刀　　　③　生糸　　　④　漆器

42

問3　下線部(b)に関連して、室町時代に和人と交易をめぐって衝突したアイヌ民族の首長の名前として正しいものを、次の①〜④のうちから一つ選べ。 | 23 |

① アテルイ　　② コシャマイン　　③ チンギス・ハン　　④ シャクシャイン

問4　下線部(c)に関連して、豊富な銀の産出がヨーロッパでも知られた石見銀山のある場所として正しいものを、次の地図中の①〜④のうちから一つ選べ。 | 24 |

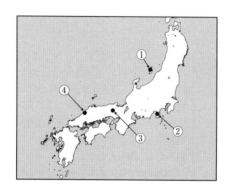

問5　下線部(d)の説明として正しいものを、次の①〜④のうちから一つ選べ。 | 25 |
①　『平家物語』がローマ字で印刷された。
②　松尾芭蕉が俳諧（俳句）の芸術性を高めた。
③　写実的な金剛力士像がつくられた。
④　一遍が踊念仏を広めた。

問6　下線部(e)に関連して、イエズス会の宣教師の名前として正しいものを、次の①〜④のうちから一つ選べ。 | 26 |
① ザビエル　　② カルバン　　③ コロンブス　　④ マルコ・ポーロ

問7　下線部(f)に関連して、五街道のうち、江戸と京都を結び、箱根などに関所がおかれた街道として正しいものを、次の①〜④のうちから一つ選べ。 | 27 |
① 東海道　　② 中山道　　③ 奥州道中　　④ 日光道中

問8　下線部(g)に関連して、参勤交代を制度として定めた法令として正しいものを、次の①〜④のうちから一つ選べ。 | 28 |
① 公事方御定書　　② 武家諸法度（寛永令）
③ 御成敗式目　　④ 禁中並公家中諸法度

— 8 —

問9　下線部(h)に関連して、田沼意次の政策として正しいものを、次の①～④のうちから一つ
選べ。　　　　　　　　　　　　　　　　　　　　　　　　　　　　　　29

①　倹約令がだされた。

②　株仲間の解散が命じられた。

③　印旛沼の干拓がはじめられた。

④　極端な動物愛護の政策が定められた。

問10　下線部(i)に関連して、江戸時代の浮世絵師である葛飾北斎のえがいた作品として正しい
ものを、次の①～④のうちから一つ選べ。　　　　　　　　　　　　　　30

①
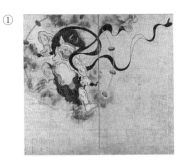

②

③

④

4

　18世紀から19世紀の世界や日本のできごとをまとめた次の表を見て、あとの問いに答えなさい。

地　域	説　明
ヨーロッパ	18世紀のヨーロッパでは、(a)啓蒙思想とよばれる新しい思想が広まり、ヨーロッパやアメリカでおこった革命にも影響をあたえた。1789年にはじまった(b)フランス革命の影響で、人びとのあいだには身分や地域の違いをこえた「国民」としての意識が生まれた。多くの国に分裂していた(c)ドイツやイタリアでは、19世紀に統一国家を形成する動きがおこった。
日本	18世紀後半から19世紀前半にかけて江戸幕府による改革の失敗が続き、幕府の権力がおとろえる一方、諸藩では(d)独自の改革が進められた。こうして力をつけた雄藩の発言権は(e)日本の開国を機に強まり、1867年には土佐藩のすすめによって大政奉還がおこなわれた。その後、成立した天皇中心の新政府に不満をもった旧幕府軍は(f)戊辰戦争をおこしたが、新政府軍に平定された。
アジア	19世紀前半に清（中国）・インド・（　ア　）間の三角貿易がさかんになり、清の衰えが進んだ。(g)資本主義が急速に発展した欧米諸国は、資源や製品を売る市場を求めて海外に進出し、19世紀後半にはアジアをふくむ世界各地を植民地化した。19世紀後半の朝鮮は、（　イ　）をきっかけとして、日本と結ばれた条約によって開国した。(h)日清戦争で清が日本にやぶれると、列強による中国進出が本格化した。

問1　下線部(a)に関連して、フランスの啓蒙思想家で、三権分立を唱えた人物の名前として正しいものを、次の①～④のうちから一つ選べ。　　　　　　　　　　　　　　31

　①　ワット　　　②　ロック　　　③　クラーク　　　④　モンテスキュー

問2　下線部(b)について述べた文として**誤っているもの**を、次の①〜④のうちから一つ選べ。

32

①　クロムウェルが革命の指導者となった。
②　民衆がバスチーユ牢獄を襲撃した。
③　平民の代表が国民議会をつくった。
④　人権宣言で、私有財産の不可侵などが唱えられた。

問3　下線部(c)に関連して、19世紀のドイツのできごとについて述べた文として正しいものを、次の①〜④のうちから一つ選べ。

33

①　ナポレオンが皇帝に即位した。
②　宰相ビスマルクが富国強兵を進めた。
③　黒海周辺の不凍港を求めて南下政策をおこなった。
④　ワルシャワ条約機構を結成した。

問4　下線部(d)に関連して、薩摩藩は特産物の専売を強化し大きな利益を得た。この特産物の名称として正しいものを、次の①〜④のうちから一つ選べ。

34

①　ろう　　　②　紅花　　　③　にしん　　　④　黒砂糖

問5　下線部(e)に関連して、ペリーの来航により日本が開国した後のできごととして正しいものを、次の①〜④のうちから一つ選べ。

35

①　桜田門外の変がおこった。
②　天明のききんがおこった。
③　ラクスマンが根室に来航した。
④　オランダ商館が出島におかれた。

問6　下線部(f)に関連して、次の空欄（　**X**　）にあてはまる地名として正しいものを、あとの①〜④のうちから一つ選べ。

36

> 右の写真は、（　**X**　）にある五稜郭である。戊辰戦争の際には旧幕府軍が立てこもり、最後まで新政府軍に抵抗した。

①　函館　　　②　鳥羽　　　③　下田　　　④　会津若松

46

問7 空欄 （　ア　）にあてはまる国名として正しいものを、次の①〜④のうちから一つ選べ。

37

① アメリカ 　　② オランダ 　　③ イギリス 　　④ スペイン

問8 下線部(g)に関連して、明治時代に多くの企業の設立に関わり、「日本資本主義の父」とよばれた人物の名前として正しいものを、次の①〜④のうちから一つ選べ。

38

① 大隈重信 　　② 板垣退助 　　③ 西郷隆盛 　　④ 渋沢栄一

問9 空欄 （　イ　）にあてはまる語句として正しいものを、次の①〜④のうちから一つ選べ。

39

① 盧溝橋事件 　　② 義和団事件 　　③ 生麦事件 　　④ 江華島事件

問10 下線部(h)の講和条約の名称として正しいものを、次の①〜④のうちから一つ選べ。

40

① 下関条約 　　② 南京条約 　　③ ベルサイユ条約 　　④ ポーツマス条約

次の【A】～【D】は明治時代から現代にかけての、政治・社会・経済についてまとめたものである。これを見て、あとの問いに答えなさい。

【A】　明治時代

　明治政府は近代化をめざし、教育による国民意識の向上をはかった。1872年に(a)学制を公布し、欧米の学校教育制度を取り入れた。また、工業においても近代化が進められ、19世紀後半から日本でもはじまった産業革命の進行によって労働者が増加した。労働運動も活発化し、1911年に（　ア　）が制定された。

問1　下線部(a)について述べた文として**誤っている**ものを、次の①～④のうちから一つ選べ。

`41`

① 小学校から大学校までの学校制度が定められた。
② 満6歳以上の男女が小学校に通うよう定められた。
③ 小学校の授業料は各家庭が負担した。
④ 小学校と中学校の9年間を義務教育とした。

問2　空欄（　ア　）にあてはまる法令として正しいものを、次の①～④のうちから一つ選べ。

`42`

①　労働基準法　　　②　労働組合法　　　③　工場法　　　④　治安維持法

【B】 (b)大正時代

　第一次世界大戦によって好景気となった日本は、鉄鋼や造船などの重化学工業が成長して工業国としての基礎が築かれた。政治では、1918年に華族や藩閥出身ではない（　イ　）が首相となって、はじめて本格的な政党内閣が組織された。

問3　下線部(b)に関連して、大正時代の文化について述べた文として正しいものを、次の①～④のうちから一つ選べ。　　43

① 正岡子規が、俳句や短歌の革新運動を進めた。

② 芥川龍之介が、小説の『羅生門』を発表した。

③ 手塚治虫が、物語性の高い漫画をえがいた。

④ 湯川秀樹が、ノーベル物理学賞を受賞した。

問4　空欄（　イ　）にあてはまる首相の名前として正しいものを、次の①～④のうちから一つ選べ。　　44

① 伊藤博文　　　② 寺内正毅　　　③ 原敬　　　④ 犬養毅

【C】　昭和時代（戦前・戦中）

　(c)世界恐慌の影響で各国は深刻な不況におちいり、経済回復を目的に植民地の少ない国による新たな領土獲得がはじまった。日本は(d)中国東北部で満州事変をおこして満州国の建国を宣言し、不況によって大きな打撃をうけた人びとに対して、満州への移住をうながした。以降、日本は戦争の時代に入り、1938年に国家総動員法が制定された。こうして戦時体制が強化され、ついには1941年に(e)太平洋戦争がはじまった。

問5　下線部(c)に関連して、イギリスが世界恐慌に対応するためにおこなった経済政策として正しいものを、次の①～④のうちから一つ選べ。　　45

① ブロック経済　　　② ニューディール政策

③ 五か年計画　　　④ 所得倍増計画

問6　下線部(d)に関連して、中国に関係するできごとについて述べた次のⅠ～Ⅲを、年代が古
　　い順に正しく配列したものを、あとの①～④のうちから一つ選べ。　　　　　　[46]

　　Ⅰ　日中戦争がはじまる。
　　Ⅱ　中華民国が建国される。
　　Ⅲ　五・四運動がおこる。

　　①　Ⅰ→Ⅱ→Ⅲ　　　　②　Ⅱ→Ⅰ→Ⅲ　　　　③　Ⅱ→Ⅲ→Ⅰ　　　　④　Ⅲ→Ⅱ→Ⅰ

問7　下線部(e)に関連して、太平洋戦争中のできごととして誤っているものを、次の①～④の
　　うちから一つ選べ。　　　　　　　　　　　　　　　　　　　　　　　　　　[47]
　　①　東京大空襲がおこった。
　　②　関東大震災がおこった。
　　③　都市の子どもたちが農村に疎開した。
　　④　鍋や釜などの金属の供出がおこなわれた。

【D】　昭和時代（戦後）
　　長い戦争によって日本の経済は落ちこんだが、1950年代半ばまでには戦前の経済水準を
　回復し、1970年代まで高度経済成長が続いた。高度経済成長にともない工業が発展する一
　方で、(f)公害問題が深刻化し、被害をうけた住民は各地で反対運動をおこした。これをう
　けて政府は1971年に環境庁を設置した。また、同じころ、（　ウ　）内閣のもとで沖縄が
　日本に復帰した。しかし沖縄におかれたアメリカ軍の軍事施設は、現在まで県民の生活や
　(g)自然環境へ大きな影響をあたえ続けている。

問8　下線部(f)に関連して、四日市ぜんそくが発生した県として正しいものを、次の①～④の
　　うちから一つ選べ。　　　　　　　　　　　　　　　　　　　　　　　　　　[48]
　　①　三重県　　　　②　新潟県　　　　③　熊本県　　　　④　富山県

問9　空欄（　ウ　）にあてはまる人物の名前として正しいものを、次の①～④のうちから一
　　つ選べ。　　　　　　　　　　　　　　　　　　　　　　　　　　　　　　　[49]
　　①　吉田茂　　　　②　細川護熙　　　　③　佐藤栄作　　　　④　池田勇人

問10　下線部(g)に関連して、1997年に採択された、温室効果ガスの排出を削減するための国際
　　的な取り決めとして正しいものを、次の①～④のうちから一つ選べ。　　　　　[50]
　　①　持続可能な開発目標　　　②　大西洋憲章　　　③　公害対策基本法　　　④　京都議定書

歴史能力検定 第41回 (2022年)
4級—歴史基本　解答・解説

1—②	2—①	3—②	4—①	5—③
6—②	7—①	8—③	9—①	10—②
11—④	12—②	13—③	14—①	15—①
16—①	17—③	18—①	19—③	20—④
21—①	22—②	23—①	24—①	25—①
26—①	27—①	28—③	29—③	30—④
31—④	32—①	33—②	34—④	35—③
36—①	37—③	38—②	39—③	40—①
41—④	42—②	43—②	44—④	45—①
46—③	47—②	48—①	49—③	50—④

1

1．①火の使用は原人がはじめた。③洞くつなどに壁画をえがきはじめたのは新人。④磨製石器は新石器時代に入ってから新人が使いはじめた。

2．②③はエジプト文明の説明。④は中国文明の説明。

3．写真の道具は②土偶で、縄文時代の遺跡から出土した。

4．①渡来人が須恵器の製法を伝えたのは古墳時代のこと。

5．中国の春秋・戦国時代につくられはじめた長城が、紀元前3世紀の秦の時代に③万里の長城として整備された。①はギリシアのパルテノン神殿、②はローマの水道橋、④はウルのジッグラト（復元）。

6．倭の軍は②高句麗の軍と戦った。①百済は大和政権と同盟関係にあった。③呉と④蜀は中国の三国時代の国。

7．①飛鳥文化は7世紀に成立した、日本で最初の仏教文化である。

8．③日野富子は室町幕府8代将軍足利義政の妻。

9．②調や③庸は布や特産物をおさめる税、④雑徭は地方での労役。

10．①天保小判と②寛永通宝は江戸時代につくられた貨幣で、④永楽通宝は日明貿易で日本に輸入された明の貨幣。

2

11．①鹿苑寺は足利義満がたてた寺。②本能寺は織田信長が自害した場所。③金剛峯寺は空海がたてた寺。

12．743年にだされた②墾田永年私財法により開墾が進み、荘園が広がった。

13．794年に移された③平安京は現在の京都につくられた。

14．藤原純友は④瀬戸内地方で反乱をおこした。

15．②は足利義政がつくらせた建物で、銀閣と同じ敷地にある。③は平安時代にまとめられた和歌集。④は奈良時代にまとめられた和歌集。

16．②マゼランの船隊が世界一周をなしとげたのは16世紀、③ムガル帝国の成立は16世紀、④ムハンマドがイスラム教を開いたのは7世紀のこと。

17．③天台宗は最澄によって9世紀に開かれ、貴族のあいだで信仰された。

18．①平将門は10世紀前半に北関東で反乱をおこした。②平清盛は後白河上皇の院政を助けた。③源義朝は源頼朝や源義経の父で、保元の乱などで活躍した。

19．六波羅探題は③京都におかれた。①は鎌倉幕府が開かれた鎌倉。②は平氏と源氏が戦った倶利伽羅峠。④は大宰府がおかれた福岡。

20．④文永の役は1274年、鎌倉幕府8代執権の北条時宗のときにおこった。

3

21．①南朝をたてたのは後醍醐天皇。

22．日明貿易では明から銅銭や③生糸が輸入され、日本からは②硫黄や②刀、④漆器などが輸出された。

23．①アテルイは平安時代に東北地方で蜂起した。③チンギス・ハンは13世紀にモンゴル帝国をたてた。④シャクシャ

インは江戸時代に北海道で蜂起した。

24. 石見銀山（現在の島根県）の場所は④。①は佐渡金山、②は伊豆金山、③は生野銀山の場所。

25. ②松尾芭蕉は江戸時代に活躍した。③金剛力士像は鎌倉時代につくられた。④一遍は鎌倉時代に活躍した。

26. ②カルバンは16世紀の宗教改革で活躍した。③コロンブスは大航海時代に活躍した。④マルコ・ポーロは元のフビライ・ハンにつかえた人物で、ヨーロッパに日本を「黄金の国ジパング」と紹介した。

27. 五街道のうち、江戸と京都を結び、箱根に関所がおかれたのは①東海道。②中山道も江戸と京都を結ぶが、山間部を通る街道で、碓氷に関所がおかれた。③奥州道中は江戸と白河を結ぶ街道。④日光道中は江戸と日光を結ぶ街道。

28. 参勤交代を制度として定めたのは、徳川家光がだした②武家諸法度（寛永令）。①公事方御定書は徳川吉宗が裁判の基準として定めた。③御成敗式目は北条泰時が裁判の基準として定めた。天皇の役割や朝廷の運営方針などを定めた④禁中並公家中諸法度は、徳川秀忠の時代にだされた。

29. ①②水野忠邦が天保の改革で倹約令をだし、株仲間の解散を命じた。④徳川綱吉が極端な動物愛護の政策を定めた。

30. 葛飾北斎がえがいた作品は、『富嶽三十六景』の一つである④。①は俵屋宗達の『風神雷神図屏風』のうち雷神、②は安土・桃山時代に来航した南蛮人をえがいた『南蛮人渡来図屏風』、③は雪舟の『秋冬山水図』のうち冬景。

4 ————————————————————

31. フランスの啓蒙思想家で、三権分立を唱えたのは④モンテスキュー。①ワットは18世紀に蒸気機関の改良をおこなったイギリス人。②ロックは社会契約説と抵抗権を唱えたイギリスの啓蒙思想家。③クラークは明治時代にアメリカから日本に招かれた教育者。

32. ①クロムウェルはイギリスでおこったピューリタン革命の指導者。

33. ①ナポレオンは19世紀はじめにフランス皇帝に即位した。③黒海周辺の不凍港を求めて南下政策をおこなったのは19世紀のロシア。④ワルシャワ条約機構は20世紀半ばに東側諸国で結成された。

34. 薩摩藩は特産物の④黒砂糖の専売を強化して大きな利益を得た。

35. ペリーの来航によって、日本は1854年に開国した。①桜田門外の変は1860年におこり、大老の井伊直弼が暗殺された。

36. 写真の五稜郭は①函館にある。

37. アジアにおける三角貿易は清（中国）、インド、③イギリスのあいだでおこなわれ、19世紀前半にさかんになった。三角貿易で取り引きされたアヘン（麻薬）を清が厳しく取りしまりしたため、1840年には清とイギリスのあいだでアヘン戦争がおこった。

38. ①大隈重信は明治・大正時代の政治家。②板垣退助は明治時代におこった自由民権運動の中心的人物で、のちに大隈重信とともに憲政党を結成した。③西郷隆盛は幕末から明治時代にかけて活躍し、1877年に西南戦争をおこした。

39. 日本は④江華島事件の翌年に日朝修好条規を結び朝鮮を開国させた。①盧溝橋事件は1937年におこり、日中戦争がはじまるきっかけとなった。②義和団事件は19世紀末に中国でおこり、日露戦争がはじまるきっかけとなった。③生麦事件は1862年に日本でおこった。薩摩藩士によってイギリス商人が殺害されたこの事件は、翌年薩英戦争に発展した。

40. ②南京条約はアヘン戦争の講和条約。③ベルサイユ条約はドイツと連合国が結んだ第一次世界大戦の講和条約。④ポーツマス条約は日露戦争の講和条約。

5 ————————————————————

41. ④小学校と中学校の9年間を義務教育としたのは第二次世界大戦後に定められた教育基本法。

42. 1911年に、労働時間制限や、12歳未満の子どもの労働禁止などを定めた③工場法が制定された。①労働基準法と②労働組合法はともに第二次世界大戦後に制定された。④治安維持法は1925年に制定された。

43. ②芥川龍之介が『羅生門』を発表したのは1915年のこと。①正岡子規が俳句や短歌の革新運動を進めたのは明治時代。③手塚治虫が漫画をえがいたのは昭和時代。④湯川秀樹がノーベル物理学賞を受賞したのは1949年のこと。

44. 1918年に首相となったのは③原敬。華族でなかったため「平民宰相」とよばれた。①伊藤博文は初代内閣総理大臣。②寺内正毅は大正時代におこった米騒動の鎮圧にあたった首相。④犬養毅は1932年の五・一五事件で暗殺された首相。

45. ②ニューディール政策はアメリカが、③五か年計画はソ連が実施していた経済政策。④所得倍増計画は戦後日本でおこなわれた政策。

46. II中華民国の建国は1912年。III五・四運動がおこったのは1919年。I日中戦争がはじまったのは1937年。

47. ②関東大震災がおこったのは大正時代の1923年。

48. 四日市ぜんそくは①三重県の四日市市で発生した。②新潟県では新潟水俣病が、③熊本県では水俣病が、④富山県ではイタイイタイ病が発生した。

49. 沖縄が日本に復帰したのは③佐藤栄作内閣の時。

50. 1997年の地球温暖化防止京都会議で採択された国際的な温室効果ガス削減の取り決めの名称は、④京都議定書。日本をふくむ141の国と地域で批准された。

【写真所蔵・提供】
京都・建仁寺所蔵（3−問10①）／ユニフォトプレス（1−問5①②③④）／ColBase(https://colbase.nich.go.jp)（1−問3、3−問10③④）／photo:Kobe City Museum / DNPartcom（3−問10②）

2022年11月

歴史能力検定 第41回

準3級—日本史

——受験上の注意点——

1. 試験監督者の試験開始の指示があるまで、問題用紙は開かないでください。
2. 試験開始前に、解答用紙に必要事項を記入し、誤りがないか確認してください。
3. 問題文は15ページまでありますので、落丁がないか、最初に確認してください。
4. 解答用紙の受験番号欄には、必ず受験番号（10桁）をマークしてください。
   ※受験番号が正しくマークされていない場合は採点されません。
5. 問題文には、各冒頭部分に問番号（**問1、問2**……）がついていますが、これとは別に、文末部分に四角で囲った番号がそれぞれついています（ 1 、 2 、 3 ……）。
   この四角で囲った番号に対応する解答欄に、解答をマークしてください。
   なお、問番号と、四角で囲った番号とは、必ずしも一致しませんので、ご注意ください。
6. 各問題には、正解肢が必ず1つあります。正解肢のない問題も、2つ以上正解肢のある問題もありません。正解と考える肢1つを選択し、該当番号をマークしてください。
   マークの仕方や消し方が悪いと採点されませんので、次の事項に十分注意してください。
   イ．記入はHB以上の鉛筆またはシャープペンシルを使用し、はっきりとわかるようにすること（サインペン・万年筆・ボールペンは不可）
   ロ．訂正は消しゴムで跡が残らないように完全に消すこと
   ハ．所定の場所以外に文字等を記入しないこと
   ニ．解答用紙を折り曲げたり汚したりしないこと
7. 試験時間中は、出題問題についての質問は受け付けません。
8. 試験時間は50分です。
9. 試験時間中に、トイレを使用する等でやむをえず席を立つ場合には、試験監督者の許可を受けた上で、隣の人の迷惑にならないよう静かに移動してください。
10. 試験時間中の喫煙・飲食等を禁止します。
11. 試験終了の合図があり次第、筆記用具をおき、試験監督者の合図があるまでは席を立たないでください。なお、質問、トイレのための退席等、理由の如何を問わず、試験時間は延長しません。
12. 不正行為をした場合、答案は無効となります。

問題文の国名・人名・事件名などの表記は高等学校の教科書による。

——準会場（団体受験）で受験される方——
この問題冊子は試験終了後に回収します。試験当日の持ち帰りは禁止です。
再配布時期は団体責任者にご確認ください。

歴史能力検定協会

　次のカードは原始・古代の各時代についてメモしたものである。これを見て、あとの問いに答えなさい。

〈時代の名称（表）〉

| 縄文時代 |
| 弥生時代 |
| 古墳時代 |
| 飛鳥時代 |
| 奈良時代 |
| 平安時代 |

〈各時代の特徴、代表的人物（裏）〉

・（　ア　）

・(a)中国に使者をおくった。
・(b)卑弥呼。

・大和政権の首長は（　イ　）。
・(c)大仙古墳がつくられた。

・推古天皇、（　ウ　）。
・(d)飛鳥文化が形成された。

・藤原不比等、（　エ　）。
・（　オ　）

・桓武天皇、嵯峨天皇。
・(e)国風文化が形成された。

問1　（　ア　）にあてはまる文として**誤っているもの**を、次の①～④のうちから一つ選べ。

① 人びとは、竪穴住居をつくって住んだ。
② 人が死去すると、屈葬をおこなった。
③ 土師器や、須恵器がつくられた。
④ 祈りのために、土偶がつくられた。

問2　下線部(a)に関連して、中国の歴史書である『漢書』地理志には、当時の倭にはどのくらいの小国があったと記されているか。正しいものを、次の①～④のうちから一つ選べ。

①　10　　②　100　　③　1000　　④　10000

問3　下線部(b)の卑弥呼が中国の皇帝から与えられた称号や品として**誤っているもの**を、次の①～④のうちから一つ選べ。

①　銅鏡　　②　金印　　③　「親魏倭王」の称号　　④　仏像

問4　（　イ　）にあてはまる語句として正しいものを、次の①～④のうちから一つ選べ。

①　国司　　②　郡司　　③　大王　　④　摂政

問5　下線部(c)の大仙古墳のある場所として正しいものを、次の地図中の①～④のうちから一つ選べ。

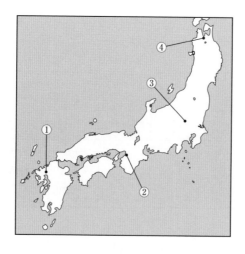

5

問6　（　ウ　）にあてはまる、推古天皇を補佐する役職についた人物の名前として正しいものを、次の①〜④のうちから一つ選べ。　6

①　聖徳太子（厩戸皇子）　　②　中大兄皇子　　③　大海人皇子　　④　刑部親王

問7　下線部(d)の飛鳥文化期の仏師の名前として正しいものを、次の①〜④のうちから一つ選べ。　7

①　運慶　　②　鑑真　　③　法然　　④　鞍作鳥

問8　（　エ　）にあてはまる人物の名前として**誤っている**ものを、次の①〜④のうちから一つ選べ。　8

①　藤原良房　　②　藤原仲麻呂　　③　長屋王　　④　橘諸兄

問9　（　オ　）にあてはまる文として**誤っている**ものを、次の①〜④のうちから一つ選べ。　9

①　墾田永年私財法が出された。
②　和同開珎が使用された。
③　荘園整理令が出された。
④　民衆に庸・調が課された。

問10　下線部(e)の国風文化期に活躍した文化人の名前として正しいものを、次の①〜④のうちから一つ選べ。　10

①　紫式部　　②　山上憶良　　③　額田王　　④　石上宅嗣

2

中世の編纂物・文学作品・歴史書に関する次の表を見て、あとの問いに答えなさい。

編纂物など	成立時期	説　　明
『梁塵秘抄』	院政期	(a)12世紀後半に院政をおこなったことで知られる後白河上皇（法皇）が、今様などをまとめたもの。
『金槐和歌集』	鎌倉文化期	(b)鎌倉幕府の3代将軍源実朝による和歌集。
『新古今和歌集』	鎌倉文化期	(c)後鳥羽上皇の命によってまとめられた。
『（　ア　）物語』	鎌倉文化期	1156年の（　ア　）の乱をあつかった軍記物語。
『（　イ　）物語』	鎌倉文化期	1159年の（　イ　）の乱をあつかった軍記物語。
『（　ウ　）』	鎌倉文化期	天台座主の慈円によってまとめられた歴史書。
『神皇正統記』	南北朝文化期	（　エ　）による歴史書。(d)南朝の正統性を主張。
『菟玖波集』	南北朝文化期	二条良基らによる（　オ　）集。
『風姿花伝』	北山文化期	(e)足利義満の保護を受けた、世阿弥による能の理論書。
『閑吟集』	東山文化期	(f)戦国時代にあたる1518年に成立。小歌などを集録。

問1　下線部(a)の12世紀後半の出来事について述べた次のⅠ～Ⅲの文を読み、年代が古い順に正しく配列したものを、あとの①～④のうちから一つ選べ。　　　　11

Ⅰ　平清盛が太政大臣に任じられた。
Ⅱ　源頼朝が守護・地頭の設置を認められた。
Ⅲ　以仁王の令旨が出された。

①　Ⅰ→Ⅱ→Ⅲ　　　②　Ⅲ→Ⅱ→Ⅰ　　　③　Ⅱ→Ⅰ→Ⅲ　　　④　Ⅰ→Ⅲ→Ⅱ

問2　下線部(b)の鎌倉幕府について述べた文として正しいものを、次の①〜④のうちから一つ選べ。　[12]

① 鎌倉幕府滅亡にいたるまで、源氏が将軍職をつとめた。
② 上杉氏が執権となり、幕府の政治を主導した。
③ 関東御領や関東知行国の収益が、おもな経済的基盤とされた。
④ 地方機関として、奥州総奉行や京都所司代がおかれた。

問3　下線部(c)の後鳥羽上皇が隠岐に流されるきっかけとなった戦乱の名称として正しいものを、次の①〜④のうちから一つ選べ。　[13]

① 承久の乱　　②　永享の乱　　③　応永の乱　　④　享徳の乱

問4　空欄（　ア　）・（　イ　）にあてはまる年号の組み合わせとして正しいものを、次の①〜④のうちから一つ選べ。　[14]

① ア—保元　イ—寿永　　②　ア—保元　イ—平治
③ ア—治承　イ—寿永　　④　ア—治承　イ—平治

問5　空欄（　ウ　）にあてはまる語句として正しいものを、次の①〜④のうちから一つ選べ。　[15]

① 歎異抄　　②　愚管抄　　③　吾妻鏡　　④　元亨釈書

問6　空欄（　エ　）にあてはまる人物の名前として正しいものを、次の①〜④のうちから一つ選べ。　[16]

① 西行　　②　阿仏尼　　③　北畠親房　　④　今川了俊

問7　下線部(d)に関連して、南北朝の動乱期の出来事について述べた文として正しいものを、次の①〜④のうちから一つ選べ。　[17]

① 徳政令を求めた人びとが、正長の土一揆をおこした。
② 応永の外寇によって、日朝貿易が一時中断した。
③ 幕府の内部で対立が生じるなか、観応の擾乱がおこった。
④ アイヌの生活が圧迫されるなかで、コシャマインらが蜂起した。

問8　空欄（　オ　）にあてはまる語句として正しいものを、次の①〜④のうちから一つ選べ。　[18]

① 狂歌　　②　漢詩　　③　川柳　　④　連歌

問9　下線部(e)の足利義満が国交を開いた中国王朝の名称として正しいものを、次の①〜④のうちから一つ選べ。　[19]

① 宋　　②　明　　③　元　　④　唐

問10　下線部(f)に関連して、次の地図中の戦国時代に宇治・山田の外港として発展した港町の位置とその地名の組み合わせとして正しいものを、あとの①～④のうちから一つ選べ。

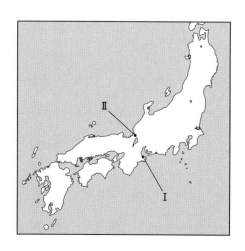

①　I—大湊　　②　I—敦賀　　③　Ⅱ—大湊　　④　Ⅱ—敦賀

近世の城郭に関する次の【A】～【C】の文章を読み、あとの問いに答えなさい。

【A】　桶狭間の戦いや姉川の戦いを経て、（　ア　）にも勝利した織田信長は、近江に（　イ　）を築き、拠点とした。信長の家臣だった羽柴秀吉（後の豊臣秀吉）は、1580年、中国攻めに際し、(a)<u>キリシタン大名</u>として知られる黒田孝高から姫路城を譲り受けた。

　1600年の(b)<u>関ヶ原の戦い</u>の軍功によって姫路城の城主となった池田輝政は、城の大改築を開始し、1609年、五層の天守閣が完成した。連立式天守閣や、白鷺城の異名で知られる姫路城は、(c)<u>狩野永徳</u>の障壁画などとともに、桃山文化を代表する文化財とされている。

問1　空欄（　ア　）・（　イ　）にあてはまる語句の組み合わせとして正しいものを、次の①～④のうちから一つ選べ。　　　　　　　　　　　　　　　　　　　　　　　　21

　　①　ア―結城合戦　　イ―松本城　　　②　ア―結城合戦　　イ―安土城

　　③　ア―長篠の戦い　イ―松本城　　　④　ア―長篠の戦い　イ―安土城

問2　下線部(a)に関連して、キリスト教を布教するための活動の一環として、宣教師が設けた施設の名称として誤っているものを、次の①～④のうちから一つ選べ。　　　22

　　①　南蛮寺　　　②　寺子屋　　　③　コレジオ　　　④　セミナリオ

問3　下線部(b)に関連して、関ヶ原の戦いの頃から徳川氏に従うようになり、原則として幕政には参加することができなかった大名の名称として正しいものを、次の①～④のうちから一つ選べ。　　　　　　　　　　　　　　　　　　　　　　　　　　　　23

　　①　旗本　　　②　親藩　　　③　譜代大名　　　④　外様大名

問4　下線部(c)の狩野永徳の作品の名称として正しいものを、次の①～④のうちから一つ選べ。　　　　　　　　　　　　　　　　　　　　　　　　　　　　　　　　　24

　　①　『風神雷神図屛風』　　　②　『唐獅子図屛風』

　　③　『見返り美人図』　　　　④　『燕子花図屛風』

【B】 豊臣（羽柴）秀吉は、1583年、織田信長が10年以上にわたって戦闘をくり返した（　ウ　）の跡地に、大阪城を築いた。しかし、徳川家康が大阪の陣で（　エ　）を滅ぼした際に、大阪城は落城し、焼失した。その後、江戸幕府によって再建され、(d)経済の中心地として発展した大阪において、大阪城は、中心的な建築物となった。

問5　空欄（　ウ　）・（　エ　）にあてはまる語句の組み合わせとして正しいものを、次の①～④のうちから一つ選べ。　　　　　　　　　　　　　　　　　　　　　　25

① 　ウ―石山本願寺　エ―豊臣秀次　　　② 　ウ―石山本願寺　エ―豊臣秀頼

③ 　ウ―六波羅蜜寺　エ―豊臣秀次　　　④ 　ウ―六波羅蜜寺　エ―豊臣秀頼

問6　下線部(d)に関連して、江戸時代の大阪について述べた文として正しいものを、次の①～④のうちから一つ選べ。　　　　　　　　　　　　　　　　　　　　　　　　　26

① 　西陣織などの生産地として発展した。

② 　人口100万人をこえる都市となった。

③ 　諸藩の蔵屋敷が立ち並んだ。

④ 　金貨を中心に取引がおこなわれた。

【C】　1590年、豊臣政権下で関東に移された徳川家康は、江戸城を居城とした。1603年に征夷大将軍に任じられると、江戸城は将軍の居城となり、江戸城の拡張計画が打ち出された。徳川家康によって(e)西国大名に石材・木材の江戸輸送が命じられた後、将軍職が徳川秀忠に譲られた後も、拡張工事は続けられた。

　一連の拡張工事は、3代将軍（　オ　）のもとでほぼ完成したものの、4代将軍徳川家綱の時代におこった（　カ　）の大火によって、本丸などが焼失した。本丸は再建されたが、(f)財政難などを背景に、天守閣は再建されなかった。

問7　下線部(e)に関連して、江戸時代の西国大名について述べた次のⅠ～Ⅲの文を読み、年代が古い順に正しく配列したものを、あとの①～④のうちから一つ選べ。　　　27

　　Ⅰ　島原・天草一揆を鎮圧するため、西国大名が動員された。
　　Ⅱ　享保の飢饉が発生し、西国大名が打撃を受けた。
　　Ⅲ　フェートン号事件がおこると、佐賀藩主が処罰された。

　　①　Ⅰ→Ⅱ→Ⅲ　　　②　Ⅲ→Ⅱ→Ⅰ　　　③　Ⅱ→Ⅰ→Ⅲ　　　④　Ⅰ→Ⅲ→Ⅱ

問8　空欄（　オ　）にあてはまる将軍の名前として正しいものを、次の①～④のうちから一つ選べ。　　　28
　　①　徳川家治　　　②　徳川家光　　　③　徳川家斉　　　④　徳川家宣

問9　空欄（　カ　）にあてはまる語句として正しいものを、次の①～④のうちから一つ選べ。　　　29

　　①　慶長　　　②　正徳　　　③　天保　　　④　明暦

問10　下線部(f)に関連して、財政再建などを目的として、田沼意次のもとで実施された経済政策について述べた文として正しいものを、次の①～④のうちから一つ選べ。　　　30
　　①　金の含有量の少ない、元禄小判への貨幣改鋳を実施した。
　　②　金銀を専売にして銅にかわる輸出品とし、俵物を積極的に輸入した。
　　③　商人に株仲間をつくらせ、特権を与えるかわりに営業税をおさめさせた。
　　④　江戸・大阪周辺を直轄地とし、財政安定などをはかるため、上知令を出した。

　近現代の日本に関わったアメリカ大統領についてまとめた次の表を見て、あとの問いに答えなさい。

代	大統領	在任期間	日本との関わり
26	セオドア＝ローズベルト	1901～09年	(a)日露戦争の講和条約の締結を斡旋。(b)講和会議はアメリカのポーツマスで開催された。
28	ウィルソン	1913～21年	大統領の提唱した十四か条は、(c)第一次世界大戦の(d)講和の基礎となった。
29	ハーディング	1921～23年	ワシントン会議の開催を主催。(e)日本もワシントン会議に全権を派遣して諸条約に調印した。
32	フランクリン＝ローズベルト	1933～45年	1929年に（　ア　）の株式市場で株価が暴落したことを機に発生した世界恐慌に対応するため、ニューディールを推進。ソ連の対日参戦などを取り決めた、クリミア半島で開催された（　イ　）会談に参加。
33	（　ウ　）	1945～53年	ローズベルト大統領の急死により、副大統領から昇任。1947年に、反ソ・反共政策によってソ連を封じ込める必要があることを宣言した。(f)日本の占領期の大統領。
34	(g)アイゼンハワー	1953～61年	1960年に来日予定であったが、（　エ　）がおこるなかで、来日は中止された。

問1　下線部(a)の日露戦争の前後において、日本の文壇の主流となった文学のジャンルの名称として正しいものを、次の①～④のうちから一つ選べ。　　　　　**31**
　①　写実主義　　　②　自然主義　　　③　白樺派　　　④　耽美派

問2　下線部(b)に関連して、ポーツマス条約の内容に反発した民衆がおこした事件の名称として正しいものを、次の①～④のうちから一つ選べ。　　　　　**32**
　①　福島事件　　　②　大津事件　　　③　日比谷焼き打ち事件　　　④　満州某重大事件

問3　下線部(c)に関連して、第一次世界大戦の勃発につながった国際情勢と、第一次世界大戦について述べた文として**誤っている**ものを、次の①～④のうちから一つ選べ。　　[33]

① 日本とドイツ・イタリアとの間で、日独伊三国同盟が締結されていた。
② ロシア・イギリス・フランスが、三国協商を成立させていた。
③ 第一次世界大戦では、戦車、飛行機、潜水艦などが戦場で利用された。
④ 総力戦が展開され、植民地の人びとも兵士として動員された。

問4　下線部(d)に関連して、パリ講和会議に日本の全権として参加した、明治時代に2度内閣を組織したことでも知られる人物の名前として正しいものを、次の①～④のうちから一つ選べ。　　[34]

① 山本権兵衛　　② 西園寺公望　　③ 加藤友三郎　　④ 若槻礼次郎

問5　下線部(e)について述べた文として正しいものを、次の①～④のうちから一つ選べ。
　　[35]

① 第1次近衛文麿内閣によって、全権が派遣された。
② 主力艦の保有量について取り決めた、軍縮条約が締結された。
③ 九カ国条約にもとづいて、日英同盟が廃棄された。
④ 会議において、日本に対し、山東省の権益が認められた。

問6　空欄（　ア　）・（　イ　）にあてはまる語句の組み合わせとして正しいものを、次の①～④のうちから一つ選べ。　　[36]

① ア―ロサンゼルス　イ―カイロ　　② ア―ロサンゼルス　イ―ヤルタ
③ ア―ニューヨーク　イ―カイロ　　④ ア―ニューヨーク　イ―ヤルタ

問7　（　ウ　）にあてはまる大統領の名前として正しいものを、次の①～④のうちから一つ選べ。　　[37]

① グラント　　② フィルモア　　③ モンロー　　④ トルーマン

問8　下線部(f)に関連して、日本がGHQに占領されていた時期の国際情勢について述べた文として**誤っている**ものを、次の①～④のうちから一つ選べ。　　[38]

① 中国国民党と中国共産党との間で、内戦が展開された。
② 朝鮮民主主義人民共和国と大韓民国との間で、朝鮮戦争が勃発した。
③ 西側陣営において、北大西洋条約機構（NATO）が結成された。
④ アメリカ・イギリス・ソ連の間で、部分的核実験禁止条約が締結された。

問9　下線部(g)に関連して、アイゼンハワーが大統領に在任していた頃の一時期に、首相として政治を主導していた人物の名前として正しいものを、次の①～④のうちから一つ選べ。
　　[39]

① 田中角栄　　② 福田赳夫　　③ 岸信介　　④ 大平正芳

問10 （　エ　）にあてはまる語句として正しいものを、次の①～④のうちから一つ選べ。

①　米騒動　　　②　安保闘争　　　③　第二次護憲運動　　　④　リーマン＝ショック

近現代の日中関係に関する次の年表を見て、あとの問いに答えなさい。

年	出来事
	（　あ　）
1871	(a)日清修好条規が締結される。
	（　い　）
1885	天津条約が締結される。
	（　う　）
1894	(b)日清戦争が始まる。
	（　え　）
1915	二十一か条の要求をおこなう。
	（　お　）
1931	満州事変が勃発する。
	（　か　）
1937	(c)日中戦争が始まる。
	（　き　）
1972	日中共同声明の発表。

問1　（　あ　）の時期に来日したイギリス公使の名前として正しいものを、次の①〜④のうちから一つ選べ。　41

①　ハリス　　　②　プチャーチン　　　③　パークス　　　④　ロエスレル

問2　下線部(a)について述べた文として正しいものを、次の①〜④のうちから一つ選べ。　42

①　江華島事件を契機として締結された。
②　袁世凱との間で締結された。
③　清国側に不利な不平等条約であった。
④　対等な内容をもつ条約であった。

問3　（　い　）の時期の国際情勢や対外関係に関して述べた文として誤っているものを、次の①〜④のうちから一つ選べ。　43

①　日本とロシアとの間で、樺太・千島交換条約が締結された。
②　琉球王国を琉球藩とした後、琉球藩を廃止して沖縄県を設置した。
③　朝鮮半島で、壬午軍乱（壬午事変）や甲申事変（甲申政変）がおこった。
④　中国大陸で、甲午農民戦争がおこった。

問4　（　う　）の時期の出来事として正しいものを、次の①〜④のうちから一つ選べ。　44

①　大日本帝国憲法の発布　　　②　国家総動員法の公布
③　戊申詔書の発布　　　④　治安維持法の公布

問5　下線部(b)に関連して、日清戦争開戦直前、日英通商航海条約を締結し、法権回復を実現した内閣とその外務大臣の組み合わせとして正しいものを、次の①〜④のうちから一つ選べ。　45

①　第2次桂太郎内閣——小村寿太郎
②　第2次桂太郎内閣——陸奥宗光
③　第2次伊藤博文内閣——小村寿太郎
④　第2次伊藤博文内閣——陸奥宗光

問6　（　え　）の時期の中国での出来事として正しいものを、次の①〜④のうちから一つ選べ。　46

①　辛亥革命　　　②　北伐　　　③　第1次国共合作　　　④　五・四運動

問7　（　**お**　）の時期の政治・社会経済に関して述べた次の文章を読み、波線部①～④のうちから**誤っている**ものを一つ選べ。　47

　第一次世界大戦が勃発した翌年に、日本経済には①神武景気と呼ばれる好況が到来した。こうした好況を背景に、②立憲政友会の原敬内閣は、高等教育機関の充実など、積極的な政策を打ち出した。一方、③吉野作造が主張した民本主義は、美濃部達吉の天皇機関説とともに、デモクラシーの思想を広めるうえで、大きな役割を果たした。デモクラシーの風潮が高まるなかで、④全国水平社が部落解放運動を展開するなど、社会運動が活発化した。

問8　（　**か**　）の時期の出来事として**誤っている**ものを、次の①～④のうちから一つ選べ。　48

　①　二・二六事件の発生　　　②　国際連盟からの日本の脱退
　③　日独防共協定の締結　　　④　日ソ共同宣言の調印

問9　下線部(c)に関連して、日中戦争開戦の契機となった事件の名称として正しいものを、次の①～④のうちから一つ選べ。　49

　①　柳条湖事件　　　②　盧溝橋事件　　　③　五・三〇事件　　　④　義和団事件

問10　（　**き**　）の時期に勃発した、日中関係にも間接的に影響を与えた戦争の名称として正しいものを、次の①～④のうちから一つ選べ。　50

　①　ベトナム戦争　　　②　湾岸戦争　　　③　アロー戦争　　　④　アヘン戦争

歴史能力検定 第41回（2022年）
準3級──日本史　解答・解説

1—③	2—②	3—④	4—③	5—②
6—①	7—④	8—①	9—③	10—①
11—④	12—③	13—①	14—②	15—②
16—③	17—④	18—①	19—②	20—①
21—④	22—②	23—④	24—②	25—②
26—③	27—①	28—②	29—④	30—③
31—②	32—①	33—①	34—②	35—②
36—④	37—③	38—②	39—④	40—②
41—③	42—②	43—④	44—①	45—④
46—①	47—①	48—①	49—①	50—①

1

1．③土師器は古墳時代前期から用いられた。須恵器を製作する技術は朝鮮半島から古墳時代に伝えられた。
2．②『漢書』地理志には、紀元前1世紀頃、倭に100余りの国があったと記されている。
3．④仏像が伝えられたのは古墳時代の6世紀。卑弥呼は三国時代の魏の皇帝から、①銅鏡、②金印、③「親魏倭王」の称号を与えられた。
4．①国司や②郡司は、律令制度のもとでの地方官。④摂政は天皇にかわって政務をおこなう官職。
5．②が大仙古墳（大阪府）の場所。①吉野ヶ里遺跡（佐賀県）、③岩宿遺跡（群馬県）、④三内丸山遺跡（青森県）の場所。
6．推古天皇のもとでは、推古天皇の甥である①聖徳太子（厩戸皇子）や、蘇我馬子が政治を主導した。②中大兄皇子（天智天皇）、③大海人皇子（天武天皇）は7世紀の政治を担った。④刑部親王は大宝律令の制定に関わった。
7．飛鳥文化期の仏師は法隆寺金堂釈迦三尊像の作者として知られる①鞍作鳥。②運慶は鎌倉時代の仏師。③鑑真は奈良時代に渡来した僧。③法然は浄土宗の開祖。
8．①藤原良房は平安時代に摂政として政治を担った。
9．③荘園整理令が初めて出されたのは平安時代。
10．②山上憶良や④石上宅嗣は天平文化の頃、③額田王は白鳳文化の頃に活躍した。

2

11．Ⅰ平清盛が太政大臣に任じられたのは1167年。Ⅲ以仁王の令旨が出されたのは1180年。Ⅱ源頼朝が守護・地頭の設置を認められたのは1185年。
12．①鎌倉幕府では、源氏の将軍が途絶えた後、4代・5代将軍には藤原氏（摂家将軍）、6～9代将軍には皇族（親王）将軍が就任した。②執権となったのは北条氏。上杉氏は室町幕府の鎌倉公方のもとで関東管領を世襲した。④京都所司代は江戸幕府によっておかれた。
13．②永享の乱、③応永の乱、④享徳の乱は、いずれも室町時代の戦乱。
14．1156年の保元の乱、1159年の平治の乱をあつかった軍記物語は、『保元物語』、『平治物語』。1180年代の源平の争乱は、治承・寿永の乱とも呼ばれる。
15．①『歎異抄』は親鸞の弟子唯円の著。③『吾妻鏡』は鎌倉幕府が編纂に関わったとされる歴史書。④『元亨釈書』は虎関師錬がまとめた仏教史書。
16．①西行は『山家集』、②阿仏尼は『十六夜日記』、④今川了俊は『難太平記』の作者。
17．南北朝の動乱は14世紀。①正長の土一揆、②日朝貿易の一時中断、④コシャマインらの蜂起は、いずれも15世紀。
18．①狂歌や③川柳は江戸時代に流行した。②漢詩集としては奈良時代や平安時代のものがよく知られている。
19．中国王朝は④唐→五代十国→①宋→③元→②明と推移した。足利義満は1401年に使者を派遣し、明と国交を開いた。

20.　Ⅰが大湊、Ⅱが敦賀の位置。宇治・山田の外港として発展したのはⅠの大湊。

3

21.　織田信長は、1575年の長篠の戦いに勝利した翌年、安土城の築城に着手した。結城合戦は1440年の合戦。松本城は信濃の城郭。

22.　②寺子屋は江戸時代中期以降に急増した庶民教育の施設。

23.　①旗本は1万石未満の家臣で、将軍にお目見えを許される直属の家臣。②親藩は徳川氏一門。③譜代大名は古くから徳川家の家臣であった大名。

24.　狩野永徳の作品は②『唐獅子図屏風』。①『風神雷神図屏風』は俵屋宗達、③『見返り美人図』は菱川師宣、④『燕子花図屏風』は尾形光琳の作品。①③④は江戸時代の作品。

25.　織田信長と石山本願寺を中心とする一向宗勢力は、石山戦争を展開した。大阪の陣では豊臣秀吉の子の豊臣秀頼が滅ぼされた。豊臣秀次は秀吉の甥。六波羅蜜寺は平安時代に活躍した空也像（空也上人像）のある寺院。

26.　①西陣織は京都で生産された。②人口100万人をこえていたのは江戸。③金貨を中心に取引がおこなわれたのは江戸を中心とする東日本。大阪などの西日本は銀貨中心の経済圏。

27.　Ⅰ島原・天草一揆は1630年代。Ⅱ享保の飢饉は1730年代。Ⅲフェートン号事件は1808年。

28.　①徳川家治は10代、②徳川家斉は11代、④徳川家宣は6代将軍。

29.　①慶長は1596〜1615年、②正徳は1711〜16年、③天保は1830〜44年の年号。

30.　①元禄小判への改鋳が実施されたのは5代将軍徳川綱吉の時代。②銅を専売にして金銀にかわる輸出品とした。俵物は輸入したのではなく輸出した。④上知令は天保の改革で出された。

4

31.　①写実主義は明治20年前後（1880年代後半）、③白樺派や④耽美派は大正時代に隆盛した文学のジャンル。

32.　①福島事件は1882年、②大津事件は1891年、④満州某重大事件は1928年におこった。

33.　①日独伊三国同盟は第二次世界大戦中の1940年に締結された。第一次世界大戦ではドイツは日本の交戦国。

34.　①山本権兵衛や③加藤友三郎は大正時代、④若槻礼次郎は昭和時代に内閣を組織した。

35.　①ワシントン会議に全権を派遣したのは高橋是清内閣。第1次近衛文麿内閣は昭和時代の内閣。③日英同盟は九カ国条約ではなく、四カ国条約にもとづいて廃棄された。④山東省の権益が認められたのは、パリ講和会議においてである。

36.　ニューヨークのウォール街で株価が大暴落した。ソ連の対日参戦が取り決められたのはヤルタ会談。ロサンゼルスでは1932年にオリンピックが開催された。カイロ会談は1943年、エジプトでおこなわれた。

37.　①グラントは18代、②フィルモアは13代、③モンローは5代アメリカ大統領。

38.　占領期は1945〜52年。④部分的核実験禁止条約は、1963年に締結された。

39.　アイゼンハワーが大統領に在任していた時期（1953〜61年）に首相だったのは③岸信介（首相在職は1957〜60年）。①田中角栄、②福田赳夫は1970年代、④大平正芳は1970年代から1980年代にかけて首相をつとめた。

40.　①米騒動は1918年、③第二次護憲運動は1924年、④リーマン＝ショックは2008年。

5

41.　①ハリスはアメリカ、②プチャーチンはロシアの使節。④お雇い外国人のロエスレルはドイツ人。

42.　③④日清修好条規は対等な内容をもつ条約であった。①江華島事件を契機として締結されたのは日朝修好条規。②袁世凱政府に対し、日本は二十一か条の要求をおこなった。

43.　対象時期は1871〜85年。④甲午農民戦争は1894年に朝鮮南部でおこった。①樺太・千島交換条約は1875年、②沖縄県の設置は1879年、③壬午軍乱（壬午事変）は1882年、甲申事変（甲申政変）は1884年におこった。

44.　対象時期は1885〜94年。②国家総動員法の公布は1938年、③戊申詔書の発布は1908年、④治安維持法の公布は1925年。

45.　日清戦争開戦時の内閣は、第2次伊藤博文内閣。同内閣の外相陸奥宗光は開戦直前に日英通商航海条約を締結し、法権回復を実現した。税権回復は第2次桂太郎内閣（外相小村寿太郎）のもとで実現した。

46.　①日清戦争は1894〜1915年。②北伐は1920年代、③第1次国共合作は1924年、④五・四運動は1919年。

47.　対象時期は1915〜31年。①神武景気は第二次世界大戦後の1955〜57年の好景気。第一次世界大戦勃発時の好景気は大戦景気。

48.　対象時期は1931〜37年。④日ソ共同宣言が調印されたのは1956年。①二・二六事件は1936年、②国際連盟からの脱退通告は1933年（発効は1935年）、③日独防共協定の締結は1936年。

49.　①柳条湖事件は1931年、③五・三〇事件は1925年、④義和団事件は19世紀末。

50.　対象時期は1937〜72年。①ベトナム戦争は1965年の北爆の開始によって激化した。ニクソン米大統領は、ベトナム戦争を終結させるため、1972年、北ベトナムを支援していた中華人民共和国を訪問した。こうした動きを受け、田中角栄が訪中し、同年の日中共同声明によって中華人民共和国との国交が正常化した。

2022年11月

歴史能力検定　第41回

3級—世界史

————受験上の注意点————

1. 試験監督者の試験開始の指示があるまで、問題用紙は開かないでください。
2. 試験開始前に、解答用紙に必要事項を記入し、誤りがないか確認してください。
3. 問題文は16ページまでありますので、落丁がないか、最初に確認してください。
4. 解答用紙の受験番号欄には、必ず受験番号（10桁）をマークしてください。
   ※受験番号が正しくマークされていない場合は採点されません。
5. 問題文には、各冒頭部分に問番号（**問1**、**問2**……）がついていますが、これとは別に、文末部分に四角で囲った番号がそれぞれついています（ 1 、 2 、 3 ……）。
   この四角で囲った番号に対応する解答欄に、解答をマークしてください。
   なお、問番号と、四角で囲った番号とは、必ずしも一致しませんので、ご注意ください。
6. 各問題には、正解肢が必ず1つあります。正解肢のない問題も、2つ以上正解肢のある問題もありません。正解と考える肢1つを選択し、該当番号をマークしてください。
   マークの仕方や消し方が悪いと採点されませんので、次の事項に十分注意してください。
   イ. 記入はHB以上の鉛筆またはシャープペンシルを使用し、はっきりとわかるようにすること（サインペン・万年筆・ボールペンは不可）
   ロ. 訂正は消しゴムで跡が残らないように完全に消すこと
   ハ. 所定の場所以外に文字等を記入しないこと
   ニ. 解答用紙を折り曲げたり汚したりしないこと
7. 試験時間中は、出題問題についての質問は受け付けません。
8. 試験時間は50分です。
9. 試験時間中に、トイレを使用する等でやむをえず席を立つ場合には、試験監督者の許可を受けた上で、隣の人の迷惑にならないよう静かに移動してください。
10. 試験時間中の喫煙・飲食等を禁止します。
11. 試験終了の合図があり次第、筆記用具をおき、試験監督者の合図があるまでは席を立たないでください。なお、質問、トイレのための退席等、理由の如何を問わず、試験時間は延長しません。
12. 不正行為をした場合、答案は無効となります。

問題文の国名・人名・事件名などの表記は高等学校の教科書による。

————準会場（団体受験）で受験される方————
この問題冊子は試験終了後に回収します。試験当日の持ち帰りは禁止です。
再配布時期は団体責任者にご確認ください。

歴史能力検定協会

　今日では、世界各地で宗教をめぐる対立が頻発するなど、宗教は地域紛争の要因の一つとなっているが、一方で人びとの生活の拠りどころや国民の団結の証ともなっている。歴史上の宗教とその信仰について述べた【A】～【C】の文章を読み、あとの問いに答えなさい。

【A】　多神教が主流であった古代オリエントにおいて、前1500年頃からパレスチナで活動したセム語系の（　ア　）は、自らの歴史を背景にヤハウェを唯一神とするユダヤ教を成立させ、その信仰を守って来た。ユダヤ教の特徴は選民思想と救世主信仰などで、それらは(a)「出エジプト」やバビロン捕囚などの苦難の経験を背景に生まれた。パレスチナは前1世紀にローマの属領となったが、人びとの救世主信仰をうけ、ナザレで生まれたとされるイエスを救世主とする(b)キリスト教が成立した。さらに、ユダヤ教やキリスト教の影響を受けて7世紀にアラビア半島でイスラーム教が生まれ、キリスト教やイスラーム教は各地に拡大し、民族の枠をこえて多くの信者を有する世界宗教に発展した。一方、（　ア　）はパレスチナを追われたが、多くはその後もユダヤ教の信仰を守り続けた。

問1　空欄（　ア　）にあてはまる語句として正しいものを、次の①～④のうちから一つ選べ。　　　　　　　　　　　　　　　　　　　　　　　　　　　　1

①　イオニア人　　　②　シュメール人　　　③　ヘブライ人　　　④　アーリヤ人

問2　下線部(a)を指導したとされる人物の名前として正しいものを、次の①～④のうちから一つ選べ。　　　　　　　　　　　　　　　　　　　　　　　　　　　　　2

①　ダヴィデ　　　②　パウロ　　　③　ソロモン　　　④　モーセ

問3　下線部(b)に関連して、キリスト教とその信仰について述べた文として正しいものを、次の①～④のうちから一つ選べ。　　　　　　　　　　　　　　　　　3
①　テオドシウス帝は、ミトラ教復活を企ててキリスト教会から背教者と呼ばれた。
②　アウグスティヌスは、『神学大全』を著して教義の確立につとめた。
③　ネストリウス派は、中国では景教と呼ばれた。
④　カルケドン公会議で、アタナシウス派が異端とされた。

【B】　仏教は、前6世紀頃にインドのブッダガヤの菩提樹の下で悟りを開いたとされる（　イ　）の教えで、マウリヤ朝の（　ウ　）は仏教に帰依して保護し、またクシャーナ朝ではガンダーラ美術が発達し、仏像が盛んに制作された。仏教は、前3世紀にセイロン（スリランカ）に布教されてその後(c)東南アジアにも伝播し、北方では中国に伝わり、朝鮮にも広まって(d)新羅などで信仰された。その後、インドでは仏教はグプタ朝の頃から民間信仰としては衰退してヒンドゥー教が普及し、16世紀に成立した(e)ムガル帝国のもとでイスラーム教も浸透して仏教徒は少数派となっていった。しかし、独立後のインドで憲法起草委員会の委員長をつとめたアンベードカルが身分差別を批判して仏教に改宗するなど、カースト制が残るインドで仏教は重要な存在といえる。

問4　空欄（　イ　）・（　ウ　）にあてはまる人物の名前の組み合わせとして正しいものを、次の①～④のうちから一つ選べ。　　　　　4

① イ―ガウタマ＝シッダールタ　　　　ウ―カニシカ王
② イ―ガウタマ＝シッダールタ　　　　ウ―アショーカ王
③ イ―ヴァルダマーナ（マハーヴィーラ）　ウ―カニシカ王
④ イ―ヴァルダマーナ（マハーヴィーラ）　ウ―アショーカ王

問5　下線部(c)に関連して、13世紀に元のジャワ遠征を背景としてジャワ島に成立したヒンドゥー教の国の名称として正しいものを、次の①～④のうちから一つ選べ。　　　5

① アチェ王国　　　　② シュリーヴィジャヤ王国
③ モノモタパ王国　　④ マジャパヒト王国

問6　下線部(d)の都の名称と、その都市の地図上の位置aまたはbとの組み合わせとして正しいものを、あとの①～④のうちから一つ選べ。　　　6

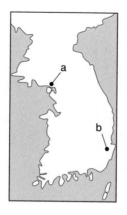

① 金城（慶州）―a　　② 金城（慶州）―b　　③ 開城―a　　④ 開城―b

問7　下線部(e)に関連して、ムガル帝国時代に発展したインド＝イスラーム文化を代表する建造物の名称と、その建造物を示す写真aまたはbとの組み合わせとして正しいものを、あとの①〜④のうちから一つ選べ。　7

a　　　　　　　　　　　　　　　　　　　b

①　タージ＝マハル―a　　②　タージ＝マハル―b
③　ポタラ宮殿―a　　④　ポタラ宮殿―b

【C】　古代の日本は「八百万の神」を信仰する多神教で、仏教や儒学などの外来の宗教や思想をも受け入れ、(f)遣隋使や遣唐使らがもたらした知識を通じて、自らの信仰・思想を発展させていった。7世紀に制定された憲法十七条には、仏教や儒学への深い理解がうかがえる。仏教は6世紀に伝わり、初めはおもに貴族の間で信仰されたが、鎌倉時代になると仏教が民衆の間に広まるようになり、(g)南宋に渡った僧もいた。彼らを含めた僧によって多くの宗派が開かれた。一方、儒学は平安時代以降貴族や仏僧らによって学ばれていたが、江戸時代になると本格的に定着して朱子学や陽明学の研究が進んだ。また、戦国時代の16世紀には（　エ　）によってキリスト教が伝えられ、一時西国を中心に信者も増加したが、江戸時代には禁止された。

問8　下線部(f)に関連して、隋について述べた次の文章を読み、波線部①〜④のうちから誤っているものを一つ選べ。　8

　　北朝の北周の外戚であった楊堅は581年に隋を建て、589年には南朝の①斉を滅ぼして中国を統一し、土地制度の②均田制など北朝の制度を継承して財政・軍事の基盤を強化するとともに、官吏登用制度として③科挙を創始するなど中央集権化を進めた。第2代煬帝は、大運河を完成させて華北と江南の結合を強化したが、④高句麗遠征の失敗などで不満が高まり、国内の反乱が頻発して隋は滅亡した。

問9 下線部(g)に関連して、宋代の状況について述べた文として正しいものを、次の①～④のうちから一つ選べ。 ⬚9

① 『四庫全書』が編纂された。

② 海上貿易を管理する理藩院が主要港におかれた。

③ 世界初の紙幣である交子が発行された。

④ トウモロコシやサツマイモの栽培が盛んになった。

問10 空欄（　エ　）にあてはまる人物の名前として正しいものを、次の①～④のうちから一つ選べ。 ⬚10

① マテオ＝リッチ　　　　　② ブーヴェ

③ フランシスコ＝ザビエル　④ ルブルック

　今日の国際情勢は、民主主義国家と権威主義国家の対立を中心に語られることが多く、民主主義の力が試されている。民主主義と議会制度について述べた【A】・【B】の文章を読み、あとの問いに答えなさい。

【A】　民主政とは、政治権力を市民が行使する政治のことで、18世紀のフランスの啓蒙思想家の(a)ルソーは、直接民主制を理想としたが、古代ギリシアや古代ローマではすでに市民が直接参加する政治体制が生まれていた。古代ギリシアでは、多くのポリスが貴族政であったが、やがて軍隊の中心となった平民が台頭し、アテネなどのポリスで民主政に移行していった。アテネでは、前6世紀に（　ア　）によってデーモスを単位とする地縁的な10部族制が創始され、さらに陶片追放（オストラキスモス）の制度が定められて民主政の基礎が確立し、その後、(b)ペルシア戦争で活躍した無産市民も参加する直接民主政が確立した。一方、古代ローマでは前6世紀に（　イ　）の王を追放して共和政が成立し、貴族と平民との身分闘争を経て平民の政治参加が進み、前287年の（　ウ　）によって平民で構成される平民会の議決が元老院の承認なしで国法となることが決まって貴族と平民の法的平等が実現した。しかし、ローマではその後も貴族と上層の平民からなるノビレス（新貴族）が支配権を握る寡頭政治が続いてギリシアのような民主政は実現せず、前1世紀後半には(c)帝政に移行した。

問1　下線部(a)が著した書物の名称として正しいものを、次の①〜④のうちから一つ選べ。
　　　　　　　　　　　　　　　　　　　　　　　　　　　　　　　　　　　11

　①　『哲学書簡（イギリス便り）』　　②　『人間不平等起源論』
　③　『諸国民の富（国富論）』　　　　④　『愚神礼賛』

問2　空欄（　ア　）にあてはまる人物の名前として正しいものを、次の①〜④のうちから一つ選べ。
　　　　　　　　　　　　　　　　　　　　　　　　　　　　　　　　　　　12
　①　ソロン　　　　　　　②　リュクルゴス
　③　クレイステネス　　　④　スキピオ

問3　下線部(b)に関連して、この戦争でギリシア海軍がペルシア海軍を破った戦いの名称として正しいものを、次の①〜④のうちから一つ選べ。
　　　　　　　　　　　　　　　　　　　　　　　　　　　　　　　　　　　13
　①　アクティウムの海戦　　②　トラファルガーの海戦
　③　サラミスの海戦　　　　④　レパントの海戦

問4　空欄（　イ　）・（　ウ　）にあてはまる語句の組み合わせとして正しいものを、次の①
　　　～④のうちから一つ選べ。　　　　　　　　　　　　　　　　　　　　　　　　14

① イ―エトルリア人　　　　　ウ―ホルテンシウス法
② イ―エトルリア人　　　　　ウ―リキニウス・セクスティウス法
③ イ―ドーリア人　　　　　　ウ―ホルテンシウス法
④ イ―ドーリア人　　　　　　ウ―リキニウス・セクスティウス法

問5　下線部(c)に関連して、帝政期のローマについて述べた文として正しいものを、次の①～
　　　④のうちから一つ選べ。　　　　　　　　　　　　　　　　　　　　　　　　15

① 剣奴のスパルタクスが指導する反乱がおこった。
② 同盟市戦争を機に、ローマ帝国の全自由民に市民権が付与された。
③ ウァレリアヌスは、ササン朝のホスロー1世に敗北した。
④ ディオクレティアヌス帝は、四帝分治制（テトラルキア）を創始した。

【B】　日本では、明治時代の(d)1890年に第1回帝国議会が招集されて議会政治が始まったが、
西欧では中世に議会の起源を求めることが出来る。イギリスでは、1216年に即位した国王
（　エ　）が対外戦争に敗北するなどして財政難となり、貴族への課税を強化した。このため、
貴族らはレスター伯シモン＝ド＝モンフォールを中心に反乱をおこし、1265年に貴族・聖職者
の会議に州代表・都市代表が出席してイギリス最初の議会が開かれた。この議会は、次王の時
代に整備され、さらにエドワード3世の時代には二院制が成立した。同じ頃に(e)フランスで三
部会が開催され、スペインなどの各国でも身分制議会が生まれたが、その多くは王権の強化と
ともに力を失った。しかし、官僚制が未整備であったイギリスでは議会は力を失わず、王権に
対抗し、(f)17世紀の革命の原動力となった。さらに、18世紀に責任内閣制が成立し、19世紀に
は(g)二大政党による議会政治が確立した。

問6　下線部(d)に関連して、日本とイギリスの選挙権拡大について述べた次のⅠ・Ⅱの文を読
　　　み、正誤の組み合わせとして正しいものを、あとの①～④のうちから一つ選べ。　16

　Ⅰ　イギリスでは第一次世界大戦末期に、初めて女性に選挙権が与えられた。
　Ⅱ　日本では、第一次世界大戦後に男性普通選挙法が制定された。

① Ⅰ―正　Ⅱ―正　　　② Ⅰ―正　Ⅱ―誤
③ Ⅰ―誤　Ⅱ―正　　　④ Ⅰ―誤　Ⅱ―誤

問7　空欄（　エ　）にあてはまる国王の名前として正しいものを、次の①～④のうちから一
　　　つ選べ。　　　　　　　　　　　　　　　　　　　　　　　　　　　　　　17

① ヘンリ7世　　　　② ウィリアム1世
③ ジョージ1世　　　④ ヘンリ3世

問8　下線部(e)に関連して、フランス国王について述べた文として正しいものを、次の①〜④のうちから一つ選べ。　18

① フィリップ4世は、カノッサでローマ教皇に謝罪した。
② ルイ14世の時代に、フロンドの乱がおこった。
③ ルイ16世は、コルベールを登用して財政改革をおこなった。
④ ルイ＝フィリップは、七月革命で退位した。

問9　下線部(f)に関連して、17世紀のイギリスでおこった出来事について述べた次のⅠ〜Ⅲの文を読み、年代が古い順に正しく配列されたものを、あとの①〜④のうちから一つ選べ。　19

Ⅰ　チャールズ1世が処刑された。
Ⅱ　審査法が制定された。
Ⅲ　権利の請願が提出された。

① Ⅱ→Ⅰ→Ⅲ　　② Ⅱ→Ⅲ→Ⅰ　　③ Ⅲ→Ⅰ→Ⅱ　　④ Ⅲ→Ⅱ→Ⅰ

問10　下線部(g)に関連して、19世紀後半に帝国主義政策を進めた保守党の首相の名前として正しいものを、次の①〜④のうちから一つ選べ。　20

① ディズレーリ　　　　　　② サッチャー
③ ネヴィル＝チェンバレン　④ グラッドストン

古来、塩や砂糖はさまざまな食品に用いられ、また社会に影響を与えてきた。塩と砂糖について述べた【A】・【B】の文章を読み、あとの問いに答えなさい。

【A】　塩は人間が生きる上で不可欠であり、中国で(a)明代の17世紀に（　ア　）が著した産業技術の図版入り解説書の（　イ　）には、「辛・酸・甘・苦の四味は何年もその一つを断ってもさしつかえないが、塩だけは十日の間禁断しただけで体が衰弱してだるくなる」と著されている。それ故、塩は古来政治的にも経済的にも重要な物品とされ、専売とされて国家の重要な財源とされることが多かった。中国では、(b)前漢の武帝が桑弘羊の献策によって塩・鉄・酒を専売とし、後の王朝でも塩は専売とされた。このため、塩をあつかう権利を与えられた商人は大きな利益をあげ、明代に活躍した徽州（新安）商人は塩の専売で巨富を築いた。その一方、高価な専売塩よりも安価で塩を売る密売商人の活動も盛んで、そのなかには武装して政府に抵抗する者も多く、(c)唐末におこった塩の密売商人による反乱は、王朝滅亡の遠因となった。一方、ヨーロッパでも塩は経済上重要な物資で、ロシア料理に名を残すストロガノフ家は塩商を前身とし、オーストリアのザルツブルクなど、塩の生産で栄えて、その名が塩に由来する都市もある。また、北アフリカでは金と塩を交換する貿易がおこなわれ、(d)マリ王国などがこの貿易で繁栄した。

問1　下線部(a)に関連して、明代に普及した税を銀で納めさせる税制の名称として正しいものを、次の①～④のうちから一つ選べ。　　21

① 地丁銀制　　② 一条鞭法　　③ 両税法　　④ 租調庸制

問2　空欄（　ア　）・（　イ　）にあてはまる語句の組み合わせとして正しいものを、次の①～④のうちから一つ選べ。　　22

① アー徐光啓　イー『天工開物』　　② アー徐光啓　イー『農政全書』
③ アー宋応星　イー『天工開物』　　④ アー宋応星　イー『農政全書』

問3　下線部(b)の事績について述べた文として正しいものを、次の①～④のうちから一つ選べ。　　23

① 五銖銭を鋳造した。
② 九品中正を創始した。
③ 中書省を廃止して六部を皇帝直属とした。
④ 焚書・坑儒をおこなって思想を統制した。

問4　下線部(c)に関連して、この反乱の幹部で唐に帰順した後に唐を滅ぼした人物の名前として正しいものを、次の①〜④のうちから一つ選べ。　　　24

　　①　朱全忠　　　②　李世民　　　③　李自成　　　④　朱元璋

問5　下線部(d)の文化・経済の中心として栄えた都市の名称と、その都市の地図上の位置aまたはbとの組み合わせとして正しいものを、あとの①〜④のうちから一つ選べ。　　　25

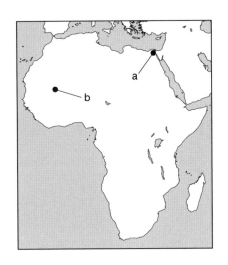

　　①　カイロ―a　　　　　②　カイロ―b
　　③　トンブクトゥ―a　　④　トンブクトゥ―b

【B】　砂糖きびの原産地は東南アジアとされ、アレクサンドロス大王の遠征などでしだいに西方に伝わり、その後(e)イスラーム勢力によって広く普及していった。11世紀末に始まった十字軍を機に、ヨーロッパとイスラーム世界の交流が活発になって(f)イスラーム文化がヨーロッパに伝わり、同時に砂糖も本格的にヨーロッパに伝わって地中海域がその生産地となったが、当時砂糖は高価であって限られた上流社会で普及したにすぎなかった。この砂糖を本格的に生産したのがポルトガルで、大西洋のマデイラ諸島などで砂糖生産を開始し、16世紀以降は（　ウ　）の漂着を機に植民地化を進めていた南米のブラジルで大規模な砂糖のプランテーションを経営し、巨利を得た。その後、砂糖生産はカリブ海のイギリスなどの植民地に拡大して大西洋の三角貿易の主要な交易品となり、この貿易をおさえたイギリスは巨大な資本を獲得した。東アジアでは、17世紀に(g)琉球で栽培が盛んになり、日本では(h)18世紀前半に徳川吉宗が生産を奨励したことが知られているが、19世紀末まで日本の砂糖生産量は世界的に見ればきわめて少量であった。

問6　下線部(e)について述べた次のⅠ～Ⅲの文を読み、年代が古い順に正しく配列されたもの
　　　を、あとの①～④のうちから一つ選べ。　　　　　　　　　　　　　　　　　26

　　Ⅰ　マムルーク朝がオスマン帝国に滅ぼされた。
　　Ⅱ　ニハーヴァンドの戦いでササン朝を破った。
　　Ⅲ　セルジューク朝がバグダードに入城した。

　　①　Ⅱ→Ⅰ→Ⅲ　　　②　Ⅱ→Ⅲ→Ⅰ　　　③　Ⅲ→Ⅰ→Ⅱ　　　④　Ⅲ→Ⅱ→Ⅰ

問7　下線部(f)に関連して、アリストテレス哲学を研究してヨーロッパのスコラ学に影響を与
　　　えたイスラームの哲学者の名前として正しいものを、次の①～④のうちから一つ選べ。
　　　　　　　　　　　　　　　　　　　　　　　　　　　　　　　　　　　　　27

　　①　イブン＝ルシュド　　　　　②　ウマル＝ハイヤーム
　　③　イブン＝バットゥータ　　　④　ラシード＝アッディーン

問8　空欄（　ウ　）にあてはまる人物の名前として正しいものを、次の①～④のうちから一
　　　つ選べ。　　　　　　　　　　　　　　　　　　　　　　　　　　　　　　　28

　　①　ヴァスコ＝ダ＝ガマ　　　②　バルボア
　　③　コロンブス　　　　　　　④　カブラル

問9　下線部(g)について述べた次のⅠ・Ⅱの文を読み、正誤の組み合わせとして正しいものを、
　　　あとの①～④のうちから一つ選べ。　　　　　　　　　　　　　　　　　　　29

　　Ⅰ　明と朝貢貿易をおこなった。
　　Ⅱ　薩摩藩の侵攻を受けて以降、日中両属の状態となった。

　　①　Ⅰ―正　　Ⅱ―正　　　　②　Ⅰ―正　　Ⅱ―誤
　　③　Ⅰ―誤　　Ⅱ―正　　　　④　Ⅰ―誤　　Ⅱ―誤

問10　下線部(h)に関連して、18世紀の東アジアの状況について述べた文として正しいものを、
　　　次の①～④のうちから一つ選べ。　　　　　　　　　　　　　　　　　　　　30
　　①　李成桂が朝鮮王朝（李朝）を建てた。
　　②　満州（中国東北部）に渤海が成立した。
　　③　スペインがマカオに居住権を獲得した。
　　④　清はヨーロッパ船の来航を広州一港に限定した。

　ロシアは、東スラヴ系の民族が多数を占める国であるが、その起源はノルマン人が建てた国にさかのぼる。ロシアとソ連について述べた次の文章を読み、あとの問いに答えなさい。

　ノルマン人は8世紀頃から活動を活発化させ、スウェーデン系ノルマン人の一派ルーシの首長リューリクは東方に進出し、スラヴ人を支配して（　ア　）を建て、リューリク朝が成立した。さらにその一族は（　イ　）を南下し、キエフを占領してキエフ公国を建てたのでリューリク朝の中心はキエフに移り、キエフ公国はその後しだいにスラヴ化した。このキエフは、（　イ　）や黒海を経て(a)ビザンツ帝国の都コンスタンティノープルにいたる商業路の要地で、キエフ公国は早くからビザンツ帝国の影響を受け、10世紀にはギリシア正教が国教とされた。その後、内紛などで公国は衰退し、13世紀以降ロシアは(b)モンゴル人の支配を受けた。
　200年以上に及ぶモンゴルの支配の間、東方のヴォルガ川の商業路をおさえたモスクワ大公国が台頭し、15世紀にモンゴルの支配から脱して西方への攻勢を強め、16世紀の（　ウ　）は皇帝の称号である（　エ　）を正式に用いた。ロシアは、17世紀に成立したロマノフ朝のもとで急速に領土を拡大し、ピョートル1世は不凍港を求めてアゾフ海に進出するとともに(c)スウェーデンとの北方戦争に勝利してバルト海に勢力を拡大し、他方、(d)極東への進出も活発化した。その政策を継承した(e)エカチェリーナ2世は、(f)オスマン帝国からクリミア半島を奪って黒海に進出する一方、日本の漂流民大黒屋光太夫を使節とともに送還させている。
　ロマノフ朝は1917年の革命で滅亡し、1922年にロシア共和国やウクライナ共和国などによってソヴィエト社会主義共和国連邦（ソ連）が成立した。ソ連は、革命後の干渉戦争でウクライナの一部をポーランドに奪われたが、第二次世界大戦が始まるとフィンランドを侵略して領土を奪い、バルト三国を併合した。さらに、戦後は東欧諸国を事実上の支配下におき、東側陣営の中心として(g)西側陣営と対峙したがしだいに経済が停滞し、(h)1989年の東欧革命を機に東欧社会主義圏は解体に向かい、1991年にはソ連も崩壊して領内から多くの国が独立した。ロシア共和国もロシア連邦と改称し、国内の混乱で経済力は低下したものの、世界最大の核保有国として軍事力を背景に国際政治に影響力をもち続けている。

問1　空欄（　ア　）・（　イ　）にあてはまる語句の組み合わせとして正しいものを、次の①
　　　〜④のうちから一つ選べ。　　　　　　　　　　　　　　　　　　　　　　　31

①　アーノルマンディー公国　　イードニエプル川
②　アーノルマンディー公国　　イーティベル川
③　アーノヴゴロド国　　　　　イードニエプル川
④　アーノヴゴロド国　　　　　イーティベル川

問2　下線部(a)に関連して、6世紀にビザンツ帝国に滅ぼされた、ゲルマン人がイタリア半島
　　　に建てた国家の名称として正しいものを、次の①〜④のうちから一つ選べ。　　32

①　東ゴート王国　　　　②　マラッカ王国
③　アステカ王国　　　　④　ブルグンド王国

問3　下線部(b)に関連して、モンゴル帝国（大モンゴル国）について述べた文として**誤ってい**
　　　るものを、次の①〜④のうちから一つ選べ。　　　　　　　　　　　　　33

①　チンギス＝ハンは、ホラズム（＝シャー）朝を破った。
②　イル＝ハン国は、ガザン＝ハンの時代にイスラーム化した。
③　バトゥの軍は、ワールシュタットの戦いで勝利した。
④　元では、南宋の支配下にあった人びとは色目人と呼ばれて差別された。

問4　空欄（　ウ　）・（　エ　）にあてはまる語句の組み合わせとして正しいものを、次の①
　　　〜④のうちから一つ選べ。　　　　　　　　　　　　　　　　　　　　　34

①　ウーウラディミル1世　　　エーシャー
②　ウーウラディミル1世　　　エーツァーリ
③　ウーイヴァン4世　　　　　エーシャー
④　ウーイヴァン4世　　　　　エーツァーリ

問5　下線部(c)に関連して、北方戦争でロシアと戦ったスウェーデン国王の名前として正しい
　　　ものを、次の①〜④のうちから一つ選べ。　　　　　　　　　　　　　　35

①　グスタフ＝アドルフ　　②　フェリペ2世
③　カール12世　　　　　　④　カール＝マルテル

問6　下線部(d)に関連して、ピョートル1世が清と結んだ条約の名称として正しいものを、次
　　　の①〜④のうちから一つ選べ。　　　　　　　　　　　　　　　　　　　36

①　カトー＝カンブレジ条約　　②　イリ条約
③　アイグン（愛琿）条約　　　④　ネルチンスク条約

問7　下線部(e)について述べた次のⅠ・Ⅱの文を読み、正誤の組み合わせとして正しいものを、あとの①～④のうちから一つ選べ。　37

Ⅰ　武装中立同盟を提唱し、アメリカ合衆国の独立に反対した。
Ⅱ　ヴォルテールと親交を結び、啓蒙専制君主の一人とされる。

①　Ⅰ―正　　Ⅱ―正　　　　　②　Ⅰ―正　　Ⅱ―誤
③　Ⅰ―誤　　Ⅱ―正　　　　　④　Ⅰ―誤　　Ⅱ―誤

問8　下線部(f)について述べた文として正しいものを、次の①～④のうちから一つ選べ。　38

①　バヤジット1世は、アンカラの戦いでティムールに勝利した。
②　常備歩兵軍としてイェニチェリが整備された。
③　スレイマン1世は、ビザンツ帝国を滅ぼした。
④　カルロヴィッツ条約でハンガリーを獲得した。

問9　下線部(g)に関連して、1966年に北大西洋条約機構（NATO）の軍事機構からの脱退を表明した国の名称として正しいものを、次の①～④のうちから一つ選べ。　39
①　イギリス　　　②　カナダ　　　③　フランス　　　④　スイス

問10　下線部(h)に関連して、1989年に自主管理労組「連帯」が選挙で勝利したポーランドの位置として正しいものを、次の地図中の①～④のうちから一つ選べ。　40

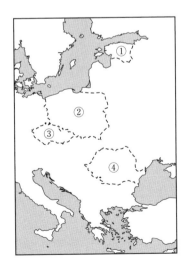

江戸時代以降の日本に関する次の年表を見て、あとの問いに答えなさい。

年	出来事
1641	(a)貿易が長崎の出島に限定される。
	あ
1783	仙台藩士が、ロシアへの備えを説く『赤蝦夷風説考』を完成させる。
	い
1842	(b)天保の薪水給与令が出される。
	う
1895	日清戦争の講和条約で清から賠償金を獲得する。
	え
1904	魯迅が仙台の医学専門学校に入学する。
	お
1914	(c)第一次世界大戦に連合国側で参戦する。
	か
1930	(d)世界恐慌の影響で昭和恐慌がおこる。

問1 下線部(a)に関連して、長崎での貿易が認められた国の名称として正しいものを、次の①〜④のうちから一つ選べ。 **41**
① オランダ ② ポルトガル
③ スペイン ④ アメリカ合衆国

問2 **あ** の時期に蒸気機関を改良した人物の名前として正しいものを、次の①〜④のうちから一つ選べ。 **42**
① カートライト ② ワット ③ クロンプトン ④ モース（モールス）

問3 **い** の時期におこったフランス革命で、ロベスピエールが逮捕・処刑された事件の名称として正しいものを、次の①〜④のうちから一つ選べ。 **43**
① ブリュメール18日のクーデタ ② ドレフュス事件
③ テルミドール９日のクーデタ ④ ファショダ事件

問4　下線部(b)が出される契機となったアヘン戦争について述べた次の文章を読み、波線部①〜④のうちから**誤っているもの**を一つ選べ。　44

　　イギリスは、対清貿易の赤字解消のために①インド産のアヘンを中国に密輸していたが、清は②林則徐を広州に派遣してアヘンを没収させた。これを機に、イギリスが宣戦してアヘン戦争が勃発し、敗北した清は③南京条約で公行の廃止や④外国軍の北京駐留などを約した。

問5　うの時期の朝鮮に関連する出来事について述べた次のⅠ～Ⅲの文を読み、年代が古い順に正しく配列されたものを、あとの①～④のうちから一つ選べ。　45

Ⅰ　金玉均らによる甲申政変（甲申事変）がおこった。
Ⅱ　東学の信徒を中心とする農民反乱がおこった。
Ⅲ　大院君派の軍隊による壬午軍乱（壬午事変）がおこった。

①　Ⅱ→Ⅰ→Ⅲ　　　②　Ⅱ→Ⅲ→Ⅰ　　　③　Ⅲ→Ⅰ→Ⅱ　　　④　Ⅲ→Ⅱ→Ⅰ

問6　えの時期におこったアメリカ＝スペイン（米西）戦争で、アメリカ合衆国がスペインから獲得した南シナ海の領土の名称として正しいものを、次の①～④のうちから一つ選べ。　46

①　フィリピン　　　②　シンガポール　　　③　ガーナ　　　④　カリフォルニア

問7　おの時期におこった民族運動について述べた文として正しいものを、次の①～④のうちから一つ選べ。　47

①　オスマン帝国でタンジマートが開始された。
②　朝鮮で三・一独立運動がおこった。
③　インドで国民会議派がカルカッタ大会四大綱領を発表した。
④　エジプトでウラービー（オラービー）運動がおこった。

問8　下線部(c)の契機となった事件の名称と、その事件を描いた絵aまたはbとの組み合わせ
　　として正しいものを、あとの①～④のうちから一つ選べ。　　　　　　　48

a

b

① サライェヴォ事件―a　　② サライェヴォ事件―b
③ 血の日曜日事件―a　　④ 血の日曜日事件―b

問9　か の時期に、不戦条約の締結に尽力したアメリカ合衆国の国務長官の名前として正し
　　いものを、次の①～④のうちから一つ選べ。　　　　　　　　　　　　49
① ブリアン　　　② マーシャル　　　③ セシル＝ローズ　　　④ ケロッグ

問10　下線部(d)に関連して、世界恐慌後の1930年代の世界について述べた文として正しいもの
　　を、次の①～④のうちから一つ選べ。　　　　　　　　　　　　　　　50
① ドイツでミュンヘン一揆がおこった。
② フランスで人民戦線内閣が成立した。
③ アメリカ合衆国で先住民強制移住法が制定された。
④ ソ連で新経済政策（ネップ）が開始された。

歴史能力検定 第41回（2022年）
3級—世界史 解答・解説

1—③	2—④	3—③	4—②	5—④
6—②	7—①	8—①	9—③	10—③
11—②	12—③	13—③	14—①	15—④
16—①	17—④	18—②	19—③	20—①
21—②	22—③	23—①	24—①	25—④
26—②	27—①	28—④	29—②	30—③
31—③	32—①	33—④	34—④	35—③
36—④	37—③	38—②	39—③	40—④
41—①	42—②	43—③	44—④	45—③
46—①	47—③	48—①	49—④	50—③

1

1．①印欧系のギリシア人の一派。②メソポタミアに最初に定住した、系統不明の民族。④前1500年頃、インドのパンジャーブ地方に侵入した印欧系の民族。

2．①③ヘブライ人の王国の、最盛期の王。②キリスト教における使徒の一人で、異邦人への伝道で知られる。

3．①背教者と呼ばれたのはユリアヌス帝。テオドシウス帝はキリスト教を国教とした。②『神学大全』ではなく『神の国（神国論）』。『神学大全』は、13世紀のスコラ学者トマス＝アクィナスの著書。④カルケドン公会議では単性論が異端とされた。アタナシウス派は正統の教説。

4．③④イ：ヴァルダマーナはジャイナ教の開祖。①③ウ：カニシカ王はクシャーナ朝の王。

5．①スマトラ島に成立したイスラーム教国。②スマトラ島に成立し、大乗仏教が信仰された国。③アフリカ南部の国。

6．③aの開城は高麗の都。

7．④bのポタラ宮殿は、チベットの都ラサに建設された。

8．①斉ではなく陳。斉は南朝2番目の王朝。

9．①『四庫全書』は清代に編纂された書物。②理藩院ではなく市舶司。理藩院は清代におかれた、藩部を統轄する役所。④トウモロコシやサツマイモはアメリカ原産で、中国では清初の頃から普及した。

10．①明代に、世界地図の「坤輿万国全図」を作成した。②清代に、実測中国地図の「皇輿全覧図」の作成に加わった。④13世紀に、フランス王ルイ9世の使者としてモンゴ

ル帝国の都カラコルムをおとずれた。

2

11．①ヴォルテールの著書。③古典派経済学を開いたアダム＝スミスの主著。④ネーデルラントのエラスムスの著作。

12．①財産政治をおこなった人物。②スパルタの伝説的立法者。④ポエニ戦争で活躍したローマの将軍。

13．①ローマのオクタウィアヌスが、前31年にプトレマイオス朝のクレオパトラと結んだアントニウスを破った戦い。②フランス軍が、1805年にイギリスのネルソンに敗れた戦い。④オスマン帝国が、1571年にフェリペ2世治下のスペインなどに敗れた戦い。

14．③④イ：スパルタを建てた民族。②④ウ：前4世紀に制定された、コンスル（執政官）のうち1名を平民（プレブス）から選出することなどを規定した法律。

15．①共和政末期の前1世紀に、スパルタクスの乱がおこった。②共和政末期の前1世紀の同盟市戦争を機に、イタリア半島の自由民に市民権が付与された。③ササン朝のシャープール1世に敗北した。

16．①Ⅰ・Ⅱとも正しい。

17．①バラ戦争を終結させてテューダー朝を開いた国王。②ノルマン朝の開祖。③ハノーヴァー朝の開祖。

18．①ハインリヒ4世が、教皇グレゴリウス7世に謝罪した。フィリップ4世はアナーニで教皇ボニファティウス8世をとらえた。③コルベールはルイ14世の財務総監。ルイ16世はテュルゴー・ネッケルを登用した。④ルイ＝フィリップ

は七月革命で即位し、二月革命で退位した。

19. ③Ⅲ議会がチャールズ１世に権利の請願を提出したが、王は議会を解散した。Ⅰ再招集後の議会で王党派と議会派が対立してピューリタン革命がおこり、チャールズ１世が処刑された。Ⅱ王政復古で即位したチャールズ２世に対し、議会が公職就任者を国教徒に限定する審査法を制定した。

20. ②第二次世界大戦後の保守党の首相。③1938年にミュンヘン会談を主導した首相。④19世紀の自由党の首相。

3 ―――――――――――――――

21. ①清代に普及した税制。③唐代の後半に創始された税制で、銭納が原則。④隋・唐で施行された税制。

22. ②ア・イ：徐光啓が農業に関する『農政全書』を著した。

23. ②九品中正は、三国時代の魏で創始された官吏登用制度。③明の洪武帝の政策。④秦の始皇帝の政策。

24. ②唐の第２代皇帝。③明を滅ぼした農民反乱の指導者。④明の創始者の洪武帝。

25. ①ａのカイロはファーティマ朝がエジプトに建設した都。

26. ②Ⅰ正統カリフ時代の７世紀の出来事。Ⅲ11世紀、セルジューク朝のトゥグリル＝ベクがブワイフ朝を追ってバグダードに入城した。Ⅰ16世紀に、エジプトのマムルーク朝がオスマン帝国のセリム１世に滅ぼされた。

27. ②『四行詩集（ルバイヤート）』をつくった詩人。③『三大陸周遊記（旅行記）』を著した、モロッコ生まれの旅行家。④イル＝ハン国の宰相で、『集史』の作者。

28. ①インド西部のカリカットに到達してインド航路を開拓したポルトガル人。②パナマ地峡を横断したスペイン人。③スペイン王の支援でサンサルバドル島に到達した人物。

29. ①Ⅰ・Ⅱとも正しい。

30. ①14世紀の出来事。②７世紀末に、大祚栄が高句麗の遺民らを率いて渤海を建てた。③スペインではなくポルトガルが、16世紀にマカオの居住権を獲得した。

4 ―――――――――――――――

31. ①②ア：10世紀にロロが北フランスに建てた国。②④イ：この河畔にローマが建国された。

32. ②マレー半島の港市国家で、明との朝貢貿易などで繁栄したが、16世紀にポルトガルに滅ぼされた。③メキシコに栄えた国。16世紀にコルテスに滅ぼされた。④ガリア東部の、ゲルマン人国家。

33. ④色目人ではなく南人。色目人は西域などの出身者で、官僚などに重用された。

34. ①②ウ：10世紀に即位したキエフ大公で、ギリシア正教に改宗した。①③エ：イランにおける皇帝の称号。

35. ①三十年戦争に参戦したスウェーデン王。②「太陽の沈まぬ国」を現出したスペイン王。④トゥール・ポワティエ間の戦いでウマイヤ朝を破った、フランク王国の宮宰。

36. ①イタリア戦争の講和条約。②19世紀にロシアと清が結んだ、中央アジアの国境などを定めた条約。③19世紀にロシアと清が結んだ条約で、アムール川以北がロシア領となった。

37. ③Ⅰアメリカ合衆国の独立に反対したのではなく、イギリスを牽制して独立を支援した。Ⅱは正しい。

38. ①バヤジット１世は敗北した。③スレイマン１世ではなく、メフメト２世がビザンツ帝国を滅ぼした。④ハンガリーをオーストリアに割譲した。

39. ③フランス第五共和政のド＝ゴール大統領が、1966年にＮＡＴＯの軍事機構からの脱退を表明した。

40. ①バルト３国のエストニア。③チェコ。④ルーマニア。

5 ―――――――――――――――

41. ①日本は、「鎖国」中もオランダ・清などとの交流を維持した。②③ともにカトリック国で、来航を禁じられた。④アメリカ合衆国のペリーが、1853年に開国を求めて浦賀に来航し、翌年日米和親条約が結ばれて日本は開国した。

42. ①力織機の発明者。③ミュール紡績機の発明者。④電信機の発明者。

43. ①ナポレオン＝ボナパルトが総裁政府を倒したクーデタ。②19世紀末、第三共和政時代のフランスでおこったスパイ容疑事件で、これを機にユダヤ人国家の建設をめざすシオニズムが高揚した。④19世紀末、アフリカで縦断政策を進めるイギリスと横断政策を進めるフランスが遭遇した事件。

44. ④これは、義和団事件の北京議定書（辛丑和約）の内容。

45. ③Ⅲ1882年に大院君派軍隊による壬午軍乱（壬午事変）がおこり、その後、党派の争いが激化した。Ⅰ1884年に開化派の金玉均らによる甲申政変（甲申事変）がおこった。Ⅱ1894年に全琫準が指導する甲午農民戦争がおこり、これを機に日清戦争が勃発した。

46. ②シンガポールは、東南アジアのマレー半島南端にある、イギリス領海峡植民地の一つで、第二次世界大戦後に独立した。③アフリカのガーナは、1957年にイギリスから独立した国。④カリフォルニアは、アメリカ＝メキシコ戦争でアメリカ合衆国がメキシコから獲得した領土。

47. ①19世紀前半に、アブデュルメジト１世が西欧化政策のタンジマートを開始した。②朝鮮で1919年に、三・一独立運動がおこった。④エジプトで、19世紀後半におこった。

48. ④ｂの血の日曜日事件は、日露戦争中の1905年にペテルブルクでおこり、第１次ロシア革命の契機となった事件。

49. ①不戦条約締結に尽力した、フランスの外務大臣。②第二次世界大戦後にマーシャル＝プラン（ヨーロッパ経済復興援助計画）を発表した、アメリカ合衆国の国務長官。③アフリカで帝国主義政策を進めた、イギリスの政治家。

50. ①世界恐慌前の1923年に、ルール占領を機に生じた混乱を利用してナチスがミュンヘン一揆をおこした。③19世紀前半、ジャクソン大統領によって先住民強制移住法が制定された。④世界恐慌前の1920年代に進められた。

【写真提供】ユニフォトプレス

2022年11月

歴史能力検定　第41回

3級—日本史

──受験上の注意点──

1. 試験監督者の試験開始の指示があるまで、問題用紙は開かないでください。
2. 試験開始前に、解答用紙に必要事項を記入し、誤りがないか確認してください。
3. 問題文は16ページまでありますので、落丁がないか、最初に確認してください。
4. 解答用紙の受験番号欄には、必ず受験番号（10桁）をマークしてください。
   ※受験番号が正しくマークされていない場合は採点されません。
5. 問題文には、各冒頭部分に問番号（**問1**、**問2**……）がついていますが、これとは別に、
   文末部分に四角で囲った番号がそれぞれついています（　1　、　2　、　3　……）。
   この四角で囲った番号に対応する解答欄に、解答をマークしてください。
   なお、問番号と、四角で囲った番号とは、必ずしも一致しませんので、ご注意ください。
6. 各問題には、正解肢が必ず1つあります。正解肢のない問題も、2つ以上正解肢のある
   問題もありません。正解と考える肢1つを選択し、該当番号をマークしてください。
   マークの仕方や消し方が悪いと採点されませんので、次の事項に十分注意してください。
   イ. 記入はHB以上の鉛筆またはシャープペンシルを使用し、はっきりとわかるようにす
   ること（サインペン・万年筆・ボールペンは不可）
   ロ. 訂正は消しゴムで跡が残らないように完全に消すこと
   ハ. 所定の場所以外に文字等を記入しないこと
   ニ. 解答用紙を折り曲げたり汚したりしないこと
7. 試験時間中は、出題問題についての質問は受け付けません。
8. 試験時間は50分です。
9. 試験時間中に、トイレを使用する等でやむをえず席を立つ場合には、試験監督者の許可
   を受けた上で、隣の人の迷惑にならないよう静かに移動してください。
10. 試験時間中の喫煙・飲食等を禁止します。
11. 試験終了の合図があり次第、筆記用具をおき、試験監督者の合図があるまでは席を立た
   ないでください。なお、質問、トイレのための退席等、理由の如何を問わず、試験時間は
   延長しません。
12. 不正行為をした場合、答案は無効となります。

問題文の国名・人名・事件名などの表記は高等学校の教科書による。

──準会場（団体受験）で受験される方──
この問題冊子は試験終了後に回収します。試験当日の持ち帰りは禁止です。
再配布時期は団体責任者にご確認ください。

歴史能力検定協会

原始・古代の政治拠点に関して述べた【A】〜【D】の文章を読み、あとの問いに答えなさい。

【A】　弥生文化は、水稲農耕を基礎とし、金属器の使用などを特徴とする文化で、(a)紀元前4世紀頃から紀元後3世紀の中頃までの時期は、弥生時代とされる。中国の歴史書によれば、倭国では争乱が続くなかで、諸国は共同して(b)邪馬台国の卑弥呼を女王として立てたという。こうして3世紀前半には、邪馬台国を中心とする約30国からなる政治連合が形成されたが、(c)その所在地については、論争が続いている。

問1　下線部(a)に関連して、日本史上の弥生時代にあたる紀元前3世紀末に中国を統一した王朝の名称として正しいものを、次の①〜④のうちから一つ選べ。　1

①　呉　　　②　蜀　　　③　秦　　　④　魏

問2　下線部(b)に関連して述べた文として**誤っているもの**を、次の①〜④のうちから一つ選べ。　2

①　卑弥呼は、中国に使者を派遣した。
②　卑弥呼は、呪術を用いて政治をおこなった。
③　邪馬台国では、大人や下戸などの身分差があった。
④　邪馬台国では、氏姓制度と呼ばれる政治制度が整備された。

問3　下線部(c)に関連して、邪馬台国論争に一石を投じたことで知られる吉野ヶ里遺跡の場所として正しいものを、地図中の①～④のうちから一つ選べ。　　　　　3

【B】　前方後円墳をはじめとする古墳の広がりなどから、3世紀中頃以降、大和地方を中心とする近畿中央部の勢力によって、(d)ヤマト政権と呼ばれる政治連合が形成されたと考えられている。大和地方を拠点とするこの政権は、埼玉県稲荷山古墳から出土した（　ア　）の銘文などから、5世紀において、その勢力が関東地方にまでおよんでいたと考えられている。

問4　下線部(d)に関して述べた次のⅠ～Ⅲの文を読み、年代が古い順に正しく配列したものを、あとの①～④のうちから一つ選べ。　　　　　4

　　Ⅰ　ヤマト政権の主導権や仏教崇拝をめぐり、蘇我氏と物部氏らが対立した。
　　Ⅱ　ヤマト政権の首長と考えられている倭王武が、中国に使者を派遣した。
　　Ⅲ　ヤマト政権によって朝鮮半島に派遣された軍が、好太王の軍と交戦した。

　　①　Ⅰ→Ⅱ→Ⅲ　　　②　Ⅲ→Ⅱ→Ⅰ　　　③　Ⅱ→Ⅰ→Ⅲ　　　④　Ⅰ→Ⅲ→Ⅱ

問5　空欄（　ア　）にあてはまる語句として正しいものを、次の①～④のうちから一つ選べ。　　　　　5

　　①　銅鏡　　　②　鉄剣　　　③　木簡　　　④　七支刀

【C】　7世紀前半には飛鳥の地に王宮が営まれたが、7世紀半ば以降には、難波や近江に宮が移されることもあった。（　イ　）が遷都した藤原京は、それまでの一代ごとの大王宮とは異なり、三代の天皇の都となった。710年に遷都された(e)平城京は、律令国家の拠点として繁栄したが、聖武天皇の時代には、疫病の流行や戦乱を背景に、拠点がほかの宮都に移されることもあった。奈良時代には、平城京を拠点に、唐の文化の影響を強く受けた、国際色豊かな(f)天平文化が形成された。

問6　空欄（　イ　）にあてはまる天皇の名前として正しいものを、次の①～④のうちから一つ選べ。　　　　　　　　　　　　　　　　　　　　　　　　　　　6

①　推古天皇　　　②　皇極天皇　　　③　天武天皇　　　④　持統天皇

問7　下線部(e)について述べた文として正しいものを、次の①～④のうちから一つ選べ。　　　　　　　　　　　　　　　　　　　　　　　　　　　　　　　　7

①　平城京は、碁盤の目状に走る道路で区画された、条里制をもつ都市であった。
②　国家運営の基本法として、養老律令の施行後、新たに大宝律令がつくられた。
③　聖武天皇の時代には、九州で藤原広嗣が反乱をおこした。
④　聖武天皇の時代には、恭仁京や長岡京への遷都がおこなわれた。

問8　下線部(f)に関連して、天平文化期の次の彫刻が伝わる寺院の名称として正しいものを、あとの①～④のうちから一つ選べ。　　　　　　　　　　　　　　　　8

①　法隆寺　　　②　延暦寺　　　③　興福寺　　　④　金剛峰寺

【D】　794年、桓武天皇によって(g)平安京への遷都がおこなわれた。政治の中心が平安京に
あったことから、平安京遷都から鎌倉幕府の成立までの約400年間は、平安時代と呼ばれる。
平安京は長期にわたり、政治拠点であり続けたが、(h)平安時代には政争や戦乱があいついでお
こった。

問9　下線部(g)の平安京が所在する国として正しいものを、次の①～④のうちから一つ選べ。

9

①　摂津国　　　②　山城国　　　③　大和国　　　④　河内国

問10　下線部(h)について述べた文として正しいものを、次の①～④のうちから一つ選べ。

10

①　9世紀前半の安和の変によって、伴（大伴）健岑が失脚した。
②　9世紀後半には、東国で平将門の乱がおこった。
③　10世紀後半の応天門の変によって、伴善男が失脚した。
④　11世紀前半には、東国で平忠常の乱がおこった。

中世の寺院に関する地図とその説明文を読み、あとの問いに答えなさい。

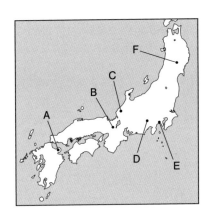

位置	寺院名	関連事項
A	（　ア　）	天台宗の寺院。（　ア　）大堂は、(a)院政期に（　イ　）が地方に広まったことを裏づける建築物として知られる。
B	鹿苑寺	(b)足利義満が営んだ北山殿は、義満の死後に鹿苑寺となった。北山殿に建てられた舎利殿は、金閣として知られ、(c)北山文化を代表する建築物とされている。
C	永平寺	（　ウ　）の開祖とされる道元が、(d)越前の地頭の招きを受けて建てた寺院。
D	（　エ　）	日蓮によって建てられた寺院。日蓮は(e)北条時頼に『立正安国論』を提出した。日蓮宗は、鎌倉幕府によって、しばしば弾圧された。
E	円覚寺	8代執権北条時宗によって招かれた、無学祖元を開山として、(f)鎌倉に建てられた寺院。
F	中尊寺	平泉の地に（　オ　）によって建てられた。

問1　空欄（　ア　）・（　イ　）にあてはまる語句の組み合わせとして正しいものを、次の①
　　〜④のうちから一つ選べ。　　　　　　　　　　　　　　　　　　　　　　　　　　11

①　ア—富貴寺　イ—浄土教　　　②　ア—富貴寺　イ—密教

③　ア—三仏寺　イ—浄土教　　　④　ア—三仏寺　イ—密教

問2　下線部(a)に関連して、院政期の対外関係に関して述べた文として正しいものを、次の①
　　〜④のうちから一つ選べ。　　　　　　　　　　　　　　　　　　　　　　　　　12

①　中国東北部に渤海が建国され、渤海使が来日するようになった。

②　正式な国交はなかったが、宋の商船が来航して中国大陸の文物をもたらした。

③　白村江の戦いを経て、新羅などの侵攻に備えて防備が強化された。

④　ほぼ20年に1度の割合で、遣唐使が派遣されるようになった。

問3　下線部(b)の足利義満に関して述べた文として**誤っているもの**を、次の①〜④のうちから
　　一つ選べ。　　　　　　　　　　　　　　　　　　　　　　　　　　　　　　　　13

①　南北朝の合体を実現した。

②　日明貿易を開始した。

③　京都に花の御所をつくった。

④　赤松満祐に殺害された。

問4　下線部(c)の北山文化に関して述べた文として正しいものを、次の①〜④のうちから一つ
　　選べ。　　　　　　　　　　　　　　　　　　　　　　　　　　　　　　　　　　14

①　『今昔物語集』が成立した。

②　運慶らが金剛力士像を制作した。

③　観阿弥・世阿弥が活躍した。

④　狩野永徳が障壁画を描いた。

問5　空欄（　ウ　）にあてはまる語句として正しいものを、次の①〜④のうちから一つ選べ。
　　　　　　　　　　　　　　　　　　　　　　　　　　　　　　　　　　　　　　　15

①　黄檗宗　　　②　法相宗　　　③　曹洞宗　　　④　時宗

問6　下線部(d)の越前を領国にしていた戦国大名とその城下町の組み合わせとして正しいもの
　　を、次の①〜④のうちから一つ選べ。　　　　　　　　　　　　　　　　　　　　16

①　大内氏・山口　　　②　大内氏・一乗谷

③　朝倉氏・山口　　　④　朝倉氏・一乗谷

問7　空欄（　エ　）にあてはまる寺院の名称として正しいものを、次の①〜④のうちから一
　　つ選べ。　　　　　　　　　　　　　　　　　　　　　　　　　　　　　　　　　17

①　建仁寺　　　②　久遠寺　　　③　清浄光寺　　　④　建長寺

問8 下線部(e)の北条時頼が5代執権だった時期に、三浦泰村一族が滅ぼされた戦乱の名称として正しいものを、次の①〜④のうちから一つ選べ。 18

① 和田合戦　　② 宝治合戦　　③ 霜月騒動　　④ 明徳の乱

問9 下線部(f)に関して述べた次のⅠ〜Ⅲの文を読み、年代が古い順に正しく配列したものを、あとの①〜④のうちから一つ選べ。 19

Ⅰ 鎌倉の鶴岡八幡宮で、3代将軍源実朝が殺害された。

Ⅱ 鎌倉に問注所が設けられ、初代執事に三善康信が任じられた。

Ⅲ 鎌倉府が設けられ、初代鎌倉公方に足利基氏が任じられた。

① Ⅰ→Ⅱ→Ⅲ　　② Ⅲ→Ⅱ→Ⅰ　　③ Ⅱ→Ⅰ→Ⅲ　　④ Ⅰ→Ⅲ→Ⅱ

問10 空欄（ **オ** ）にあてはまる人物の名前として正しいものを、次の①〜④のうちから一つ選べ。 20

① 藤原道長　　② 藤原頼通　　③ 藤原基経　　④ 藤原清衡

近世の貨幣に関する次の年表を見て、あとの問いに答えなさい。

年	出来事
	（　あ　）
1588	(a)豊臣秀吉のもとで、天正大判が鋳造される。
	（　い　）
1600	(b)徳川家康のもとで、慶長小判が鋳造される。
	（　う　）
1636	(c)徳川家光のもとで、寛永通宝が鋳造される。
	（　え　）
1695	(d)徳川綱吉のもとで、(e)元禄小判が鋳造される。
1772	田沼意次のもとで、南鐐二朱銀が鋳造される。
	（　お　）

（西暦年は、いずれも初鋳の年）

問1　（　あ　）の時期の対外関係について述べた文として正しいものを、次の①〜④のうちから一つ選べ。 `21`

①　ポルトガル人を乗せた船が平戸に漂着し、鉄砲が伝えられた。

②　イエズス会の宣教師によって、日本にはじめてキリスト教が伝えられた。

③　平戸にあったオランダ商館が、長崎の出島へと移された。

④　ウィリアム＝アダムズらを乗せたリーフデ号が、豊後に漂着した。

問2　下線部(a)の豊臣秀吉に関係する地図中の場所と、その説明文について述べた文として誤っているものを、あとの①〜④のうちから一つ選べ。 `22`

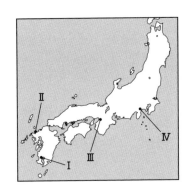

①　Ⅰの場所は長宗我部氏の拠点で、この地を攻撃して長宗我部氏を降伏させた。

②　Ⅱの場所に本陣を築き、2度にわたる朝鮮出兵の際に、この地を拠点とした。

③　Ⅲの場所にあった石山の本願寺の跡地に、壮大な大坂城を築き始めた。

④　Ⅳの場所は北条氏の拠点で、この地を攻撃して北条氏政を滅ぼした。

問3　（　い　）の時期に帰国したとされる、1582年にキリシタン大名によって派遣された使節の名称として正しいものを、次の①〜④のうちから一つ選べ。 `23`

①　遣米使節　　②　岩倉使節団　　③　慶長遣欧使節　　④　天正遣欧使節

問4　下線部(b)の徳川家康をまつる、日光東照宮に代表される、霊廟建築様式の名称として正しいものを、次の①〜④のうちから一つ選べ。 `24`

①　数寄屋造　　②　書院造　　③　権現造　　④　寝殿造

問5　空欄（　う　）の時期に、徳川家康から蝦夷ヶ島の支配を保証された和人の氏族の名称
　　　として正しいものを、次の①～④のうちから一つ選べ。　　　　　　　　　　　　25

　　①　宗氏　　　　　②　松前氏　　　　　③　伊達氏　　　　　④　前田氏

問6　下線部(c)の徳川家光のもとで打ち出された政策として正しいものを、次の①～④のうち
　　　から一つ選べ。　　　　　　　　　　　　　　　　　　　　　　　　　　　　26

　　①　末期養子の禁止が緩和された。
　　②　生類憐みの令が出された。
　　③　参勤交代が制度化された。
　　④　人返しの法が出された。

問7　空欄（　え　）の時期に、東廻り海運・西廻り海運を整備した江戸の商人の名前として
　　　正しいものを、次の①～④のうちから一つ選べ。　　　　　　　　　　　　　　27

　　①　河村瑞賢　　　　②　角倉了以　　　　③　茶屋四郎次郎　　　　④　末次平蔵

問8　下線部(d)の徳川綱吉によって設置された天文方に任じられた、貞享暦をつくった人物の
　　　名前として正しいものを、次の①～④のうちから一つ選べ。　　　　　　　　　28

　　①　貝原益軒　　　　②　渋川春海　　　　③　北村季吟　　　　④　関孝和

問9　下線部(e)の元禄小判への改鋳を建議した人物の名前として正しいものを、次の①～④の
　　　うちから一つ選べ。　　　　　　　　　　　　　　　　　　　　　　　　　　29

　　①　荻原重秀　　　　②　荻生徂徠　　　　③　大岡忠相　　　　④　新井白石

問10　空欄（　お　）の時期の対外関係に関して述べた次のⅠ～Ⅲの文を読み、年代が古い順
　　　に正しく配列したものを、あとの①～④のうちから一つ選べ。　　　　　　　30

　Ⅰ　アヘン戦争により対外的な緊張が生じるなかで、天保の薪水給与令が出された。
　Ⅱ　捕鯨船の活動が日本近海におよぶようになるなかで、異国船打払令が出された。
　Ⅲ　長崎に来航したレザノフに対し、「鎖国」が「祖法」であるとして通商を拒否した。

　　①　Ⅰ→Ⅱ→Ⅲ　　　　②　Ⅲ→Ⅱ→Ⅰ　　　　③　Ⅱ→Ⅰ→Ⅲ　　　　④　Ⅰ→Ⅲ→Ⅱ

近代の博覧会に関する先生と生徒の会話を読み、あとの問いに答えなさい。

生徒：2025年に大阪で万国博覧会が開かれますね。最初の博覧会はいつ開かれたのでしょうか？

先生：最初の国際博覧会は、1851年にロンドンで開かれた、万国博覧会とされているよ。

生徒：アメリカが（　ア　）、ちょっとあとくらいですね。

先生：その通りだよ。まもなく(a)ペリーが日本に来航する時期でもあるね。

生徒：日本は万国博覧会と、いつから関わるようになったのでしょうか。

先生：1862年にロンドンで開かれた世界産業博覧会に、(b)イギリス公使オールコックが日本の工芸美術品を出品しているよ。

生徒：では、多くの日本人は、万国博覧会の存在を知らなかったのですね。

先生：そうだね。ただし、(c)幕末期に（　イ　）が刊行した『西洋事情』の初編では、すでに博覧会が紹介されているよ。

生徒：（　イ　）の著作は、『学問のすゝめ』しか知りませんでした。日本が万国博覧会に正式に参加したのはいつなのでしょうか。

先生：1867年にパリで開かれた万国産業博覧会だよ。幕府だけでなく、(d)薩摩藩・佐賀藩も参加しているよ。

生徒：(e)江戸幕府がいよいよ滅びるといった年に、正式に参加したのですね。

先生：そうだね。(f)実業家として知られる渋沢栄一は、この時に幕府の使節に加わっていて、フランスに滞在している間に幕府は滅亡したんだ。

生徒：明治政府も万国博覧会に参加したのでしょうか。

先生：明治政府が最初に参加したのは、1873年のウィーン万国博覧会だよ。日本の美術品・工芸品は評判がよかったみたいだよ。

生徒：19世紀後半のヨーロッパ、とくにフランスでは、日本の美術品・工芸品への関心が高まり、「ジャポニスム」と呼ばれる大ブームが生じたと聞いたことがあります。

先生：ウィーン万国博覧会は、そうした動きをうながすことにもなったみたいだね。

生徒：明治時代の日本でも、博覧会は開かれたのですよね。

先生：5回開かれた内国勧業博覧会だね。

生徒：第1回は、明治六年の政変の後、内務卿となった（　ウ　）の主唱で開催されたと習いました。

先生：よく覚えていたね。臥雲辰致の発明した（　エ　）が、最高の賞を与えられたんだったね。

問1 空欄（　ア　）にあてはまる文として正しいものを、次の①〜④のうちから一つ選べ。
31

① カリフォルニアを獲得した
② 南北戦争で混乱し始めた
③ 日本にハル＝ノートを提示した
④ 「門戸開放宣言」を出した

問2 下線部(a)について述べた次の文章を読み、波線部①〜④のうちから**誤っているもの**を一つ選べ。
32

　1853年、①浦賀沖にあらわれたペリーの率いる艦隊は、アメリカ大統領の国書を提出して開国を求めた。翌年に再来航したペリーと幕府との間で、②日米和親条約が締結された。この条約では、③神奈川・兵庫の２港を開いて領事の駐在を認めることなどが定められた。ペリー来航後、老中首座④阿部正弘のもとで安政の改革が進められ、大船建造の禁を解くなどの政策が実施された。

問3 下線部(b)に関連して、長州藩と対立した四国艦隊が、オールコックの主導によって砲撃をおこなった場所として正しいものを、次の①〜④のうちから一つ選べ。
33
①　箱館　　　②　山川　　　③　鹿児島　　　④　下関

問4 下線部(c)に関連して、幕末期の事件や政変について述べた文として**誤っているもの**を、次の①〜④のうちから一つ選べ。
34
① 桜田門外の変で、井伊直弼が殺害された。
② 坂下門外の変の後、安藤信正が失脚した。
③ 八月十八日の政変で、京都から長州藩勢力が追放された。
④ 禁門の変で、会津藩・薩摩藩の兵が長州藩の軍勢に敗れた。

問5 空欄（　イ　）にあてはまる人物の名前として正しいものを、次の①〜④のうちから一つ選べ。
35
① 福沢諭吉　　　② 中村正直　　　③ 森有礼　　　④ 加藤弘之

問6 下線部(d)に関連して、薩摩藩・佐賀藩の出身者に関して述べた次のⅠ〜Ⅲの文を読み、年代が古い順に正しく配列したものを、あとの①〜④のうちから一つ選べ。
36

Ⅰ 政府を下野し、薩摩に帰郷していた西郷隆盛が、鹿児島士族らと西南戦争をおこした。
Ⅱ 大日本帝国憲法発布直後に、黒田清隆首相が超然主義の立場を声明した。
Ⅲ 国会の即時開設を主張していた大隈重信が、政変によって政府から追放された。

①　Ⅰ→Ⅱ→Ⅲ　　　②　Ⅲ→Ⅱ→Ⅰ　　　③　Ⅱ→Ⅰ→Ⅲ　　　④　Ⅰ→Ⅲ→Ⅱ

問7 下線部(e)に関連して、1867年の出来事に関して述べた文として**誤っている**ものを、次の
①～④のうちから一つ選べ。　　　　　　　　　　　　　　　　　　　　　　　37

① 薩長両藩が、討幕の密勅を手に入れた。
② 徳川慶喜が、大政奉還の上表を朝廷に提出した。
③ 孝明天皇の妹和宮が、徳川家茂の妻として迎えられた。
④ 倒幕派によって、王政復古の大号令が発せられた。

問8 下線部(f)に関連して、三菱の創業者とされる実業家の名前として正しいものを、次の①
～④のうちから一つ選べ。　　　　　　　　　　　　　　　　　　　　　　　38

① 五代友厚　　② 古河市兵衛　　③ 前島密　　④ 岩崎弥太郎

問9 空欄（　ウ　）にあてはまる、薩摩藩出身で、維新の三傑に数えられる人物の名前とし
て正しいものを、次の①～④のうちから一つ選べ。　　　　　　　　　　　　39

① 伊藤博文　　② 山県有朋　　③ 大久保利通　　④ 桂太郎

問10 空欄（　エ　）にあてはまるものの名称として正しいものを、次の①～④のうちから一
つ選べ。　　　　　　　　　　　　　　　　　　　　　　　　　　　　　　　40

① 高機　　② いざり機　　③ 国産力織機　　④ ガラ紡

大正・昭和時代に政治家として活躍した幣原喜重郎に関する次の文章を読み、あとの問いに答えなさい。

幣原喜重郎は、(a)1872年、現在の大阪府門真市に生まれた。幣原家は北河内の大地主だったが、後年、今の地位を築いたのは努力の結果で出自とは関係がないとして、郷里や家系について書かれることを嫌がったという。

1892年に東京帝国大学に入学し、(b)下関条約が締結された1895年に卒業して、恩師の勧めで農商務省に入省した。しかし、外交官になる望みをかなえるため、試験を受けて翌年に外務省に入省した。

1914年、駐蘭公使（兼デンマーク）に任じられた直後、(c)第一次世界大戦が勃発し、翌年に政府が中国に二十一カ条の要求をおこなうと、これに反対した。1917年に（　ア　）がおこると、寺内正毅内閣のもとで議論された（　イ　）にも反対した。

(d)パリ講和会議が開催された年として知られる1919年に、駐米大使に任じられた幣原は、1921年に開催されたワシントン会議の全権に加わった。

大正時代末期から昭和時代初期にかけての(e)「憲政の常道」期には、憲政会・立憲民政党を与党とする内閣の外相として、協調外交を推進した。しかし、1931年に満州事変が勃発すると、協調外交は行き詰まり、外相を辞した。その後、（　ウ　）や五・一五事件がおこり、幣原も、（　ウ　）の頃に命をねらわれたが、難を逃れた。暗殺しようとした青年は、幣原の日課である散歩中に襲おうとしたが、幣原は外相退任後に発症した心臓病により、静養していたのが幸いした。

1936年に二・二六事件が発生した際には、自宅のある地域を管轄する駒込署の勧めで、別荘のある逗子に避難したが、自分が襲われた時には護衛の警官が巻き添えになるなどの迷惑をかけるとして警備を断り、一週間ほどで自宅に帰った。結局、幣原の生命をねらう者はあらわれなかった。幣原が、興味本位の取材を嫌がり、(f)メディアには口を閉ざすなど、沈黙していたことが幸いしたという。

1945年10月、ポツダム宣言受諾直後に成立した東久邇宮稔彦内閣が総辞職すると、幣原は首相として内閣を組織した。(g)連合国軍の最高司令官マッカーサーは、幣原に五大改革を指令した。ＧＨＱのもとで、(h)幣原内閣は民主化政策や国民生活を改善するための政策を実施した。

問1　下線部(a)の1872年に実施された政策について述べた文として**誤っているもの**を、次の①〜④のうちから一つ選べ。　41

① 官営模範工場として設立された群馬県富岡製糸場が、創業を開始した。

② 国立銀行条例が制定され、発券銀行として日本銀行が設立された。

③ 工部省のもとで、新橋・横浜間に鉄道が敷設された。

④ フランスの学校制度にならって、学制が公布された。

問2　下線部(b)の下関条約の賠償金に関係する、次の写真の建造物の名称として正しいものを、あとの①〜④のうちから一つ選べ。　42

① 鞍山製鉄所　　② 新町紡績所　　③ 八幡製鉄所　　④ 東京砲兵工廠

問3　下線部(c)の第一次世界大戦と大戦中の出来事について述べた文として正しいものを、次の①〜④のうちから一つ選べ。　43

① 第一次世界大戦は、ドイツのポーランド侵攻を契機として勃発した。

② 第一次世界大戦が勃発すると、当時の寺内正毅内閣は参戦を決定した。

③ 二十一カ条の要求は、第2次大隈重信内閣から袁世凱政府に対しておこなわれた。

④ 二十一カ条の要求が出された年に、これに反対する中国の民衆が五・四運動をおこした。

問4　空欄（　ア　）・（　イ　）にあてはまる語句の組み合わせとして正しいものを、次の①〜④のうちから一つ選べ。　44

① ア─辛亥革命　イ─山東出兵　　② ア─辛亥革命　イ─シベリア出兵

③ ア─ロシア革命　イ─山東出兵　　④ ア─ロシア革命　イ─シベリア出兵

問5 下線部(d)に関連して、パリ講和会議とワシントン会議について述べた文として**誤っている**ものを、次の①〜④のうちから一つ選べ。 45

① パリ講和会議では、不戦条約が締結された。
② パリ講和会議では、ヴェルサイユ条約が締結された。
③ ワシントン会議では、四カ国条約が締結された。
④ ワシントン会議では、九カ国条約が締結された。

問6 下線部(e)に関連して、「憲政の常道」期の政策や出来事に関して述べた次のⅠ〜Ⅲの文を読み、年代が古い順に正しく配列したものを、あとの①〜④のうちから一つ選べ。 46

Ⅰ 天皇制や資本主義の否定をはかる者などを罰するため、治安維持法が制定された。
Ⅱ 為替相場の安定や貿易の振興を求める声が強まるなかで、金輸出解禁が断行された。
Ⅲ 日本経済が昭和恐慌におちいり、失業者が増大するなかで、重要産業統制法が制定された。

① Ⅰ→Ⅱ→Ⅲ ② Ⅲ→Ⅱ→Ⅰ ③ Ⅱ→Ⅰ→Ⅲ ④ Ⅰ→Ⅲ→Ⅱ

問7 空欄（ ウ ）にあてはまる事件の名称として正しいものを、次の①〜④のうちから一つ選べ。 47

① 虎の門事件 ② 血盟団事件 ③ 三月事件 ④ 十月事件

問8 下線部(f)に関連して、二・二六事件がおこった頃の、人びとの情報源として**誤っている**ものを、次の①〜④のうちから一つ選べ。 48

① 週刊誌 ② 総合雑誌 ③ テレビ放送 ④ ラジオ放送

問9 下線部(g)に関連して、東京に設置された、最高司令官の諮問機関の名称として正しいものを、次の①〜④のうちから一つ選べ。 49

① 極東委員会 ② 安全保障理事会 ③ 翼賛政治会 ④ 対日理事会

問10 下線部(h)に関連して、幣原内閣のもとで実施された政策として**誤っている**ものを、次の①〜④のうちから一つ選べ。 50

① 金融緊急措置令の発令 ② 労働組合法の公布
③ 単一為替レートの設定 ④ 第一次農地改革の着手

歴史能力検定　第41回（2022年）
3級─日本史　解答・解説

1─③	2─④	3─①	4─②	5─②
6─④	7─③	8─③	9─②	10─④
11─①	12─②	13─④	14─③	15─③
16─④	17─②	18─②	19─①	20─④
21─②	22─①	23─④	24─②	25─②
26─③	27─②	28─②	29─①	30─②
31─①	32─③	33─④	34─④	35─①
36─①	37─③	38─②	39─③	40─④
41─②	42─③	43─③	44─④	45─①
46─①	47─②	48─③	49─②	50─③

1

1. 中国王朝は、③秦→漢→三国時代（④魏・①呉・②蜀）と推移した。

2. ④氏姓制度はヤマト政権のもとで整備された。

3. ①が吉野ヶ里遺跡（佐賀県）。②は箸墓古墳（奈良県）、③は大森貝塚（東京都）、④は三内丸山遺跡（青森県）のある場所を指している。

4. Ⅲ好太王の軍との交戦は4世紀末〜5世紀初頭。Ⅱ倭王武の遣使は5世紀後半。Ⅰ蘇我氏と物部氏の対立は6世紀。

5. 埼玉県稲荷山古墳から出土したのは②鉄剣。

6. 藤原京に遷都したのは④持統天皇。

7. ①条里制ではなく条坊制が正しい。②大宝律令の施行後、養老律令がつくられた。④聖武天皇の時代には、恭仁京、難波宮、紫香楽宮への遷都がおこなわれた。長岡京への遷都は桓武天皇によっておこなわれた。

8. ③興福寺阿修羅像の写真。

9. ②平安京が所在したのは山城国。遷都時に「山背」の表記は「山城」に改められた。

10. ①安和の変は10世紀後半。承和の変が正しい。②平将門の乱がおこったのは10世紀前半。③応天門の変によって伴善男が失脚したのは9世紀後半。

2

11. ①豊後（大分県）の国東半島にあるのが富貴寺。富貴寺大堂は代表的な阿弥陀堂建築。三仏寺投入堂も院政期の建築物。密教は平安時代初期の弘仁・貞観文化期に、貴族層らに受容された。

12. ②宋の商船は、平氏によって大輪田泊が修築されたことなどによって、頻繁に来航するようになった。①渤海使が来日するようになったのは8世紀。③白村江の戦いやその後の防備の強化は7世紀の出来事。④ほぼ20年に1度の割合で遣唐使が派遣されたのは8世紀。

13. ④赤松満祐によって、嘉吉の変で殺害されたのは6代将軍足利義教。

14. ①『今昔物語集』が成立したのは院政期。②運慶らが東大寺の金剛力士像を制作したのは鎌倉文化期。④狩野永徳が障壁画を描いたのは桃山文化期。

15. ①黄檗宗は江戸時代に隠元隆琦によってもたらされた。②法相宗は天平文化期に南都六宗とされた、仏教教学を研究する学派の一つ。④時宗の開祖は一遍。

16. ①越前を領国としていたのは朝倉氏で、城下町は一乗谷。山口は、周防を領国としていた大内氏の城下町。

17. ②久遠寺は山梨県身延山の寺院。①建仁寺は京都府、③清水光寺と④建長寺は神奈川県の寺院。

18. ①和田合戦では和田義盛が滅ぼされた。③霜月騒動では安達泰盛が滅ぼされた。④明徳の乱は室町時代の戦乱で、足利義満によって山名氏清が滅ぼされた。

19. Ⅱ間注所の設置は1184年。Ⅰ源実朝が殺害されたのは1219年。Ⅲ足利基氏が鎌倉公方に任じられたのは1349年。

20. 中尊寺を建立したのは、奥州藤原氏の初代④藤原清衡。①藤原道長と②藤原頼通は摂関政治の全盛期を現出した。

③藤原基経は、880年代に、初めて関白に就任した人物。

3

21. ②1549年に渡来したイエズス会宣教師ザビエルによって日本にはじめてキリスト教が伝えられた。①平戸ではなく種子島に漂着した。③オランダ商館が出島に移されたのは1641年。④リーフデ号が豊後に漂着したのは1600年。

22. ①Ⅰは鹿児島。長宗我部氏の拠点は土佐で、四国平定によって降伏した。

23. ④天正遣欧使節が帰国したのは1590年。①遣米使節は幕末の使節。②岩倉使節団は明治政府が派遣した使節。③慶長遣欧使節は伊達政宗が派遣した支倉常長らの使節。

24. ①数寄屋造の代表建築は桂離宮や修学院離宮。②書院造は慈照寺東求堂同仁斎に代表される建築様式。③寝殿造は平安時代の住宅建築様式。

25. ①宗氏は対馬藩、②伊達氏は仙台藩、④前田氏は加賀藩（金沢藩）の藩主。

26. ①末期養子の禁止が緩和されたのは徳川家綱の時代。②生類憐みの令が出されたのは徳川綱吉の時代。④人返しの法は、徳川家慶の時代の天保の改革で出された。

27. 京都の②角倉了以は鴨川・富士川を整備し、朱印船貿易をおこなった。③茶屋四郎次郎は京都、④末次平蔵は長崎の朱印船貿易家。

28. ①貝原益軒は『大和本草』を著した本草学者。③北村季吟は歌学方に任じられた。④関孝和は和算書の『発微算法』を著した。

29. ②荻生徂徠は儒者。③大岡忠相は享保の改革の頃の町奉行。④新井白石は荻原重秀の政策を批判した政治家。

30. Ⅲレザノフの来航は1804年。Ⅱ異国船打払令が出されたのは1825年。Ⅰ天保の薪水給与令が出されたのは1842年。

4

31. ①アメリカがカリフォルニアを獲得したのは1840年代後半。②南北戦争がおこったのは1860年代。③日本にハル＝ノートを提示したのは1941年。④「門戸開放宣言」が出されたのは1899〜1900年。

32. ③神奈川・長崎・新潟・兵庫の開港は日米修好通商条約に規定された。下田・箱館が正しい。

33. ④オールコックの主導で、四国艦隊下関砲撃事件がおこった。

34. ④禁門の変では、長州藩の軍勢が会津藩・薩摩藩の兵に敗れた。

35. いずれも明六社に参加した人物で、『西洋事情』、『学問のすゝめ』の著者は①福沢諭吉。②中村正直は『西国立志編』、『自由之理』を刊行した。③森有礼は明六社設立の中心人物。初代文部大臣。④加藤弘之は天賦人権論を紹介したが、のちに『人権新説』でそれを否定した。

36. Ⅰ西南戦争は1877年。Ⅲ大隈重信が政府から追放された政変は、1881年の明治十四年の政変。Ⅱ大日本帝国憲法が

発布されたのは1889年。

37. ③孝明天皇の妹和宮が徳川家茂の妻として迎えられ、婚儀がおこなわれたのは1862年。

38. ①五代友厚は大阪の発展に寄与した実業家。②古河市兵衛は足尾銅山をはじめ、鉱山の経営で富を築いた。③前島密は郵便事業の創始者。

39. 維新の三傑は③大久保利通、西郷隆盛、木戸孝允。①伊藤博文、②山県有朋、④桂太郎はいずれも長州藩出身。

40. ①高機は江戸時代初期、西陣で独占的に利用されていたが、のち各地に普及した。②いざり機は高機に先行して利用されていた織機。③国産力織機は豊田佐吉が発明した。

5

41. ②1872年に制定された国立銀行条例にもとづいて、国立銀行が設立された。国立銀行は、兌換紙幣である国立銀行券を発行したが、のち兌換義務は撤廃された。松方財政の一環として1882年に日本銀行が設立され、1885年から銀兌換紙幣が発行された。

42. ③下関条約で得た賠償金の一部を使用して設立された八幡製鉄所の写真。①鞍山製鉄所は、満鉄によって1918年に設立された。②新町紡績所は1877年に設立された。④東京砲兵工廠は江戸幕府が設立した江戸関口大砲製作所を前身とする兵器製造工場（東京関口製造所の名称を経て1879年に東京砲兵工廠と改称）。

43. ①ドイツのポーランド侵攻を契機として勃発したのは第二次世界大戦。②参戦を決定したのは寺内正毅内閣ではなく第2次大隈重信内閣。④二十一カ条の要求は1915年。五・四運動がおこったのは第一次世界大戦終結後の1919年。

44. 第一次世界大戦中の1917年におこったのはロシア革命。この革命に干渉するため、日本・アメリカ・イギリス・フランスはシベリア出兵をおこなった。辛亥革命は1911年におこった。山東出兵は1920年代後半におこなわれた。

45. ①不戦条約が締結されたのは1928年。

46. Ⅰ治安維持法が制定されたのは1925年。Ⅱ金輸出解禁が断行されたのは1930年。Ⅲ重要産業統制法が制定されたのは1931年。

47. ①虎の門事件が発生したのは1923年。③三月事件と④十月事件は1931年に発覚した。

48. ③テレビ放送が開始されたのは、第二次世界大戦後の1953年。①週刊誌は大正時代、②総合雑誌は明治時代から存在している。④ラジオ放送が開始されたのは1925年。

49. ①極東委員会はワシントンに設置された、占領政策の最高決定機関。②安全保障理事会は国際連合の機関。③翼賛政治会は1942年の翼賛選挙を経て成立した団体。

50. ③単一為替レートは、ドッジ＝ラインの一環として1949年に設定された。

【写真所蔵・提供】

興福寺　撮影：飛鳥園（1－問8）／写真提供：日本製鉄（株）九州製鉄所（5－問2）

2022年11月

歴史能力検定 第41回

2級—世界史

——受験上の注意点——

1. 試験監督者の試験開始の指示があるまで、問題用紙は開かないでください。
2. 試験開始前に、解答用紙に必要事項を記入し、誤りがないか確認してください。
3. 問題文は20ページまでありますので、落丁がないか、最初に確認してください。
4. 解答用紙の受験番号欄には、必ず受験番号（10桁）をマークしてください。
   ※受験番号が正しくマークされていない場合は採点されません。
5. 問題文には、各冒頭部分に問番号（**問1**、**問2**……）がついていますが、これとは別に、文末部分に四角で囲った番号がそれぞれついています（ 1 、 2 、 3 ……）。
   この四角で囲った番号に対応する解答欄に、解答をマークしてください。
   なお、問番号と、四角で囲った番号とは、必ずしも一致しませんので、ご注意ください。
6. 問題は 1 ～ 45 が正解肢を選ぶ問題、 46 ～ 50 が記述問題となっています。
   なお、記述問題の 46 ～ 50 は、正解肢を選ぶ問題の 1 ～ 45 の間に、割り込むように配置されています。必ずしも通し番号順に問題が並んでいませんので、ご注意ください。
7. 1 ～ 45 の正解肢を選ぶ問題には、正解肢が必ず1つあります。正解肢のない問題も、2つ以上正解肢のある問題もありません。正解と考える肢1つを選択し、該当番号をマークしてください。
   マークの仕方や消し方が悪いと採点されませんので、次の事項に十分注意してください。
   イ．記入はHB以上の鉛筆またはシャープペンシルを使用し、はっきりとわかるようにすること（サインペン・万年筆・ボールペンは不可）
   ロ．訂正は消しゴムで跡が残らないよう完全に消すこと
   ハ．所定の場所以外に文字等を記入しないこと
   ニ．解答用紙を折り曲げたり汚したりしないこと
8. 46 ～ 50 の記述問題の解答は、解答欄右側の「記述（2級）」に書いてください。
9. 記述問題で人名・事件名などを答える場合は、教科書や新聞などで一般的に使用されている名前を使用してください。
10. 試験時間中は、出題問題についての質問は受け付けません。
11. 試験時間は50分です。
12. 試験時間中に、トイレを使用する等でやむをえず席を立つ場合には、試験監督者の許可を受けた上で、隣の人の迷惑にならないよう静かに移動してください。
13. 試験時間中の喫煙・飲食等を禁止します。
14. 試験終了の合図があり次第、筆記用具をおき、試験監督者の合図があるまでは席を立たないでください。なお、質問、トイレのための退席等、理由の如何を問わず、試験時間は延長しません。
15. 不正行為をした場合、答案は無効となります。

問題文の国名・人名・事件名などの表記は高等学校の教科書による。

——準会場（団体受験）で受験される方——
この問題冊子は試験終了後に回収します。試験当日の持ち帰りは禁止です。
再配布時期は団体責任者にご確認ください。

歴史能力検定協会

　中国人の海外移住の歴史に関する次の文章を読み、あとの問いに答えなさい。

　現在、華僑は、(a)東南アジア諸国を中心に世界各地に居住している。そもそも中国人が海外に移住することは、古くからあるが、とくに明朝の永楽帝が派遣した鄭和の南海遠征によって東南アジア各地の状況が知られるようになったことが、移住する中国人の増加をうながし、明朝末から(b)清朝初の混乱は、さらに移住に拍車をかけた。

　19世紀後半以降、中国人が大量に世界各地に移住した。この契機となったのは、中国国内の問題だけではなく、19世紀における世界的な経済構造の変化が大きい。すなわち16世紀以降、ヨーロッパ諸国は、各地域で砂糖や綿花など商品作物を栽培した。その商品作物を栽培させるための労働力として当初は、黒人奴隷を導入していたが、19世紀に入り、人道上などの理由により、(c)1833年にはイギリスで奴隷制が廃止された。さらに1848年には(d)フランスで最終的に奴隷制度が廃止された。このため各地で労働力の不足が生じ、奴隷にかわる新たな労働力として中国人などが注目されることとなった。(e)1860年に締結されたアロー戦争の講和条約で、中国人の海外渡航が認められると、中国人の海外渡航が活発化した。建前上は、苦力（クーリー）と呼ばれた中国人などの労働者は、自由な労働者とされているが、実際にはきわめて過酷なあつかいを受けた。このような状況のなか、19世紀末以降、（　ア　）領であった現在のマレーシアには、（　イ　）に多くの中国人が移住した。これが、マレーシアに多くの華僑が居住している原因の一つである。一方、華僑のなかには、華僑ネットワークを使い、経済的に巨万の富を手に入れる人びともいた。中華民国の初代臨時大総統に就任する(f)孫文の兄も、ハワイに渡り経済的に成功している。孫文は「華僑は革命の母」という言葉を残しているが、孫文の兄を初め、多くの華僑が、清朝を打倒する革命運動に援助・参加している。華僑が革命運動に援助・参加した理由はさまざまだが、移住先の(g)オーストラリアやアメリカ合衆国で、(h)アジア系に対するきびしい人種差別に遭遇し、このため、中国人意識を強くもち、また、清朝の諸外国に対する妥協的な対応に失望して清朝を打倒しようとしたと思われる。第二次世界大戦後、中華人民共和国が成立すると、反共的な政策をとる国々では、華僑は苦難を強いられることもあったが、プロレタリア文化大革命の混乱を経た後に(i)鄧小平が改革・開放政策を推進すると、新華僑と呼ばれる多くの中国人が世界各地に進出することとなった。

問1　下線部(a)について述べた文として正しいものを、次の①〜④のうちから一つ選べ。

1

① オランダから独立したインドネシア共和国は、初代大統領にスカルノが就任した。

② 東南アジアで第二次世界大戦以前に独立を維持した唯一の国はフィリピンであった。

③ リー゠クアンユーの指導のもと、タイは経済発展に成功した。

④ ビルマ（ミャンマー）やラオスは、19世紀以降フランスの統治下にあった。

問2　下線部(b)に関連して、清朝の皇帝について述べた文として正しいものを、次の①〜④のうちから一つ選べ。

2

① 順治帝は、漢人対策として儒学者を保護し、『四書大全』を編纂させた。

② 康熙帝は、三藩の乱を鎮圧し、さらに鄭氏が支配する台湾を占領した。

③ 雍正帝は、中書省や六部を廃止し、軍機処にすべての権限を与えた。

④ 乾隆帝は、理藩院を整備し、外モンゴルの新疆を間接統治した。

問3　下線部(c)の年の出来事について述べた文として正しいものを、次の①〜④のうちから一つ選べ。

3

① カトリック教徒解放法が制定された。

② ヴィクトリア女王が即位した。

③ コブデン・ブライトらの活動によって穀物法が廃止された。

④ イギリス東インド会社の中国貿易独占権の廃止が決定した。

問4　下線部(d)に関連して、フランスで最終的に奴隷制度が廃止された時期として正しいものを、次の表中の①〜④のうちから一つ選べ。

4

①
シャルル10世が、フランス王となる
②
ルイ゠フィリップの七月王政が始まる
③
ナポレオン3世が、江戸幕府に使節団を派遣
④

問5　下線部(e)の講和条約が締結された都市の名称と、その都市の位置を示した次の地図中の
　　　aまたはbとの組み合わせとして正しいものを、あとの①～④のうちから一つ選べ。

5

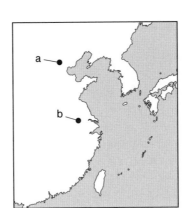

①　北京—a　　　②　北京—b
③　南京—a　　　④　南京—b

問6　空欄（　ア　）・（　イ　）にあてはまる語句の組み合わせとして正しいものを、次の①
　　　～④のうちから一つ選べ。

6

①　ア—スペイン　イ—金鉱山を採掘するため
②　ア—スペイン　イ—錫鉱山を採掘するため
③　ア—イギリス　イ—金鉱山を採掘するため
④　ア—イギリス　イ—錫鉱山を採掘するため

問7　下線部(f)の人物について述べた文として正しいものを、次の①～④のうちから一つ選べ。

7

①　中国共産党を創設し、指導者となった。
②　第1次国共合作を成立させた。
③　五・三〇運動を指導した。
④　西安で蒋介石を監禁する事件をおこした。

問8　下線部(g)について述べた次のⅠ・Ⅱの文を読み、正誤の組み合わせとして正しいものを、あとの①〜④のうちから一つ選べ。　⑧

　Ⅰ　オーストラリアの先住民であるマオリ人の文化を軽視し、ヨーロッパ文化への同化政策を実施した。
　Ⅱ　アメリカ合衆国やイギリスとともに太平洋安全保障条約（ANZUS）を締結した。

① Ⅰ—正　Ⅱ—正　　② Ⅰ—正　Ⅱ—誤
③ Ⅰ—誤　Ⅱ—正　　④ Ⅰ—誤　Ⅱ—誤

問9　下線部(h)に関連して、1924年の移民法によって日本人を含むアジア諸国からの移民は全面的に禁止された。1924年の移民法を制定したアメリカ合衆国大統領として正しいものを、次の①〜④のうちから一つ選べ。　⑨
① マッキンリー　　② タフト　　③ クーリッジ　　④ フーヴァー

問10　下線部(i)に関連して、鄧小平時代に本格化する「四つの現代化」とは、「国防」「工業」「農業」とあと1つは何か。漢字4字で記せ。　46

アメリカ外交に関する【A】・【B】の文章を読み、あとの問いに答えなさい。

【A】次の史料は、1823年に表明されたアメリカ合衆国大統領の年次教書である。（引用にあたって、一部省略したところがある。）

　前会期の冒頭で、(a)スペインおよび(b)ポルトガルでは、両国民の状況を改善するために多大な努力が払われ、それは極めて温和な手段で行われているようだ、との陳述があった。その努力の成果がこれまでのところ大きく期待外れに終わっていることは、論じるまでもないことである。我々と深い交流があり、我々の出自に由来する、地球上のその地域で起こっている出来事に関して、我々は常に懸念と関心を抱く観察者であり続けてきた。合衆国の市民は、大西洋の向こう側に住む同胞の自由と幸福を好感する、最も友好的な感情を心に抱いている。合衆国は、ヨーロッパ諸国間の、彼ら自身の問題にかかわる戦争には、全く参加してこなかったし、またそうすることはわが国の政策にそぐわない。我々が損害に対して憤ったり、祖国防衛の準備を行ったりするのは、我々の権利が侵されたり、重大な脅威にさらされたりする場合だけである。わが国は、西半球での動向に、より直接的に関係しており、その理由は、賢明で厳正な観察者であれば誰にも明白である。この点において、同盟諸国の政治体制はアメリカの政治体制と本質的に異なる。この違いは、それぞれの政府に存在するものから生じている。そして、非常に多くの生命や財産を失って成し遂げ、最も賢明な市民の知恵によって完成し、ほかに例を見ない幸福を享受してきたわが国の政治体制を守るために、全国民が献身している。従って、アメリカ合衆国と列強の間に存在する誠実な友好関係のおかげで、わが国は、西半球のいかなる地域であろうとも、ヨーロッパ列強がその政治体制の拡大を試みた場合には、わが国の平和と安全に危害を与える行為とみなすと宣言することができる。いかなるヨーロッパ諸国が現有する植民地もしくは属国にも、わが国はこれまで干渉しなかったし、今後も干渉しない。しかし、独立を宣言してこれを維持している政府であって、大きな熟慮と公正な原則に基づいてわが国がその独立を承認したものについては、これを弾圧するため、もしくはその他いかなる方法であろうともその運命を支配するためヨーロッパ列強が(c)介入を行った場合には、アメリカ合衆国に対する非友好的な気持ちの現れとみなすしかない。

問1　前の史料から読みとれる内容について述べた次のⅠ・Ⅱの文を読み、正誤の組み合わせ
　　として正しいものを、あとの①〜④のうちから一つ選べ。　　　　　　　10

　Ⅰ　アメリカ合衆国がヨーロッパ諸国間の戦争に参加することは、アメリカ合衆国政府の政
　　策にそぐわない。
　Ⅱ　アメリカ合衆国は、ヨーロッパ諸国がアメリカ大陸にその政治体制の拡大を試みること
　　を、アメリカ合衆国の平和と安全を脅かす行為とみなす。

　①　Ⅰ―正　Ⅱ―正　　　②　Ⅰ―正　Ⅱ―誤
　③　Ⅰ―誤　Ⅱ―正　　　④　Ⅰ―誤　Ⅱ―誤

問2　前の年次教書を発した大統領について述べた次の文章を読み、空欄（　ア　）・
　　（　イ　）にあてはまる語句の組み合わせとして正しいものを、あとの①〜④のうちから
　　一つ選べ。　　　　　　　　　　　　　　　　　　　　　　　　　　11

　　ヴァージニア出身の大統領で、彼の在任中に（　ア　）などが領土に加えられた。また、
　ミズーリが州に昇格するさい、奴隷制をめぐって対立が深まると、ミズーリは奴隷州とする
　ものの、今後（　イ　）の地域では奴隷州を禁止するミズーリ協定を締結させた。

　①　ア―ミシシッピ川以西のルイジアナ　イ―北緯36度30分以北
　②　ア―ミシシッピ川以西のルイジアナ　イ―北緯49度以北
　③　ア―フロリダ半島　　　　　　　　　イ―北緯36度30分以北
　④　ア―フロリダ半島　　　　　　　　　イ―北緯49度以北

問3　下線部(a)に関連して、前の年次教書が発せられた後も、スペインの植民地であった地の名称と、その地の位置を示す次の地図中の**a**または**b**との組み合わせとして正しいものを、あとの①〜④のうちから一つ選べ。　　12

＊国境線は現在のものとする。

①　ブラジル—**a**　　　②　ブラジル—**b**
③　キューバ—**a**　　　④　キューバ—**b**

問4　下線部(b)について述べた文として**誤っているもの**を、次の①〜④のうちから一つ選べ。
　　13

①　13世紀にカスティリャ王国から分離・独立した。
②　「航海王子」エンリケは、15世紀前半にセウタを攻略した。
③　ジョアン2世が派遣したバルトロメウ＝ディアスは、喜望峰に到達した。
④　1980年代にヨーロッパ共同体（ＥＣ）に加盟した。

問5　下線部(c)に関連して、周辺諸国へ介入し戦争を引きおこした国の一つにヒトラー政権下のドイツがある。ヒトラー政権下のドイツについて述べた文として**正しいもの**を、次の①〜④のうちから一つ選べ。　　14

①　政権成立後に国会を解散し、大統領緊急令を利用して全権委任法を制定した。
②　高速道路のアウトバーンを建設するなど大規模な公共事業が実施された。
③　英独海軍協定を一方的に破棄して、再軍備宣言を発して徴兵制を復活した。
④　社会主義者のローザ＝ルクセンブルクは、アウシュヴィッツ強制収容所で虐殺された。

126

【B】先生と生徒がアメリカ外交について話しあっている。

先生 ：（　ウ　）のトルーマン大統領は、1947年にアメリカ議会で演説しました。この演説は、アメリカ外交の転換点になったともいわれています。

生徒1：どんな内容をトルーマン大統領は話したのですか。

先生 ：「武装した少数者あるいは外部の圧力による征服の企てに抵抗している自由国民を支援することこそ、合衆国の政策でなければならないと私は信ずる。」とトルーマンは述べています。

生徒2：なんかカッコいいですね。

生徒3：でも確かこの演説で、アメリカ合衆国は、（　エ　）を決めたのではなかったのですか。

先生 ：よく知ってますね。この演説を(d)ソ連は、自国への事実上の「宣戦布告状」と受け止めたともいわれ、米ソの(e)冷戦は本格化していきます。

生徒2：では、この演説を契機に冷戦ではなく、米ソが直接戦争する世界大戦になるかもしれなかったのですか。

先生 ：そうなる可能性もありましたね。結果的には(f)1991年にソ連は解体し、米ソが直接戦うことはありませんでした。

生徒3：冷戦時代に米ソは、直接は戦わなかったけど、代理戦争がありませんでしたか。

先生 ：(g)ベトナム戦争は、代理戦争ともいえますね。この戦争では、アメリカ軍は、多くのベトナム人を爆撃などで殺害しています。

生徒3：「武装した少数者あるいは外部の圧力による征服の企てに抵抗している自由国民を支援する」といってベトナム人を殺害しては、本末転倒ではないですか。

先生 ：その通りですね。

問6　上の会話文中の空欄（　ウ　）・（　エ　）にあてはまる語句の組み合わせとして正しいものを、次の①〜④のうちから一つ選べ。　　15
　①　ウ—民主党　エ—アフガニスタンへの武器・経済援助
　②　ウ—民主党　エ—ギリシア・トルコ両国への4億ドルの軍事援助
　③　ウ—共和党　エ—アフガニスタンへの武器・経済援助
　④　ウ—共和党　エ—ギリシア・トルコ両国への4億ドルの軍事援助

問7　下線部(d)に関連して、ソ連の書記長ゴルバチョフは、1986年のチョルノービリ（チェルノブイリ）原子力発電所事故を受け、情報公開の重要性を認識して情報公開を進めた。ゴルバチョフが推進した情報公開をロシア語で何というか。カタカナで記せ。　　47

— 8 —

問8　下線部(e)に関連して、冷戦が本格化する時期の出来事について、年代が古い順に正しく
　　配列されたものを、次の①〜④のうちから一つ選べ。　　　　　　　　　　　16

①　ベルリン封鎖の開始→ワルシャワ条約機構の成立→北大西洋条約機構（NATO）の成立
②　ワルシャワ条約機構の成立→北大西洋条約機構（NATO）の成立→ベルリン封鎖の開始
③　ベルリン封鎖の開始→北大西洋条約機構（NATO）の成立→ワルシャワ条約機構の成立
④　北大西洋条約機構（NATO）の成立→ベルリン封鎖の開始→ワルシャワ条約機構の成立

問9　下線部(f)の年の出来事について述べた文として正しいものを、次の①〜④のうちから一
　　つ選べ。　　　　　　　　　　　　　　　　　　　　　　　　　　　　　17

①　南アフリカ共和国で、アパルトヘイト関連諸法が撤廃された。
②　二酸化炭素などの温室効果ガスの削減目標を定めた京都議定書が採択された。
③　新ユーゴスラヴィアに、NATO軍が空爆をおこなった。
④　同時多発テロ事件で、世界貿易センタービルなどが崩壊した。

問10　下線部(g)について述べた文として正しいものを、次の①〜④のうちから一つ選べ。

　　　　　　　　　　　　　　　　　　　　　　　　　　　　　　　　　　　18

①　アメリカ合衆国は、バオダイのベトナム共和国を支援するため、軍を派遣した。
②　ソ連のスターリンの援助のもと南ベトナム解放民族戦線が結成された。
③　ジョンソン大統領は、核兵器を含むあらゆる爆弾を北ベトナムに投下した。
④　ニクソン大統領のとき、ベトナム（パリ）和平協定が締結され、アメリカ軍は撤退した。

128

黒海周辺に関する次の文章を読み、あとの問いに答えなさい。

　黒海周辺には、古代からさまざまな民族が興亡した。例えば、黒海の西に位置するバルカン半島では、ギリシア人が移動して高度な文明を築いた。ただし、バルカン半島南端部の領域では、(a)オリンポス山を初めとする山々が存在し、農耕に適した場所は海岸沿いの平野や内陸の盆地のみである。古代ギリシアで、(b)ギリシア語が多くの方言にわかれていたことや各地にポリスが分立したことは、このような地形がその原因の一つと考えられている。反面、エーゲ海の島々の存在は、航海には好条件であり、早くからギリシア人は海上交易に進出するようになり、黒海・マルマラ海・エーゲ海を結ぶ(c)ボスフォラス（ボスポラス）海峡・ダーダネルス海峡をこえて、黒海周辺にも植民市を建設した。

　一方、黒海北方沿岸に広がる平原は、現在ではひまわりなどが栽培される農耕地帯で、古い映画が好きな人は、デ＝シーカ監督の映画『ひまわり』で、イタリアの女優ソフィア＝ローレンが、夫の安否を尋ねるため(d)ウクライナのひまわり畑を歩き回るシーンを思い出すかもしれない。ただ、この地域が歴史的に最初に注目されることの一つは、農耕ではなく、騎馬遊牧民の出現である。この騎馬遊牧民は、世界史上大きな役割を果たした。最初に出現した騎馬遊牧民は、黒海北岸で活動したキンメリア（キンメリオイ）と考えられている。このキンメリアは、高い戦闘能力を発揮して周辺世界に進出した。キンメリアはイラン系と推定されているが、その詳細は明らかでなく、前6世紀頃にキンメリア人と同じ地域に出現した騎馬遊牧民（　ア　）と同じ民族であったとする説もある。その後、キンメリアや（　ア　）の騎馬の文化は、草原の道などを経て、モンゴル高原に伝わり、(e)匈奴の騎馬遊牧民化をうながした。

　黒海南岸にあるアナトリア半島は、(f)古代オリエントの時期にはヒッタイトや世界最古の金属貨幣を鋳造したリディアなどが成立した。その後、(g)アケメネス（アカイメネス）朝ペルシアなどの統治を経て、アナトリア半島は、前1世紀に(h)ローマに征服され、長くローマの支配を受けた。現在でもエーゲ海に臨む(i)エフェソスには、ローマ時代の遺跡を見ることができる。

問1　空欄（　ア　）にあてはまる騎馬遊牧民の名称をカタカナで記せ。　　48

問2　下線部(a)に関連して、オリンポス山に住むとされるオリンポス12神のうち、主神とされる神の名として正しいものを、次の①～④のうちから一つ選べ。　　19
　① アトン　　② ゼウス　　③ シヴァ　　④ アフラ＝マズダ

問3　下線部(b)に関連して、ギリシア方言のうち西方方言に属するドーリア人について述べた文として正しいものを、次の①〜④のうちから一つ選べ。　20

① ドーリア人は、ペロポネソス半島にスパルタを建設し、軍国主義的政治体制を構築した。
② ドーリア人は、自らをバルバロイと自称し、東方方言などを使用するギリシア人をヘレネスと呼び区別した。
③ 僭主の出現を防止するためにドーリア人のクレイステネスは、陶片追放（オストラキスモス）の制度を全ギリシアに広めた。
④ ドーリア人が使用したギリシア文字が、のちにフェニキア文字の基となった。

問4　下線部(c)について述べた次の文章を読み、空欄（　イ　）・（　ウ　）にあてはまる語句の組み合わせとして正しいものを、あとの①〜④のうちから一つ選べ。　21

　ボスフォラス（ボスポラス）海峡とダーダネルス海峡の両海峡は、黒海とエーゲ海を結ぶ交通の要衝に位置し、15世紀以降、（　イ　）の支配下にあった。その後、黒海に進出したロシアにとって両海峡は、戦略上重要な海峡となり、19世紀にはこの両海峡などをめぐって（　ウ　）戦争も勃発した。第一次世界大戦後、両海峡は、国際海峡委員会の管理下におかれた。

① イ—セルジューク朝　ウ—クリミア
② イ—セルジューク朝　ウ—北方
③ イ—オスマン帝国　　ウ—クリミア
④ イ—オスマン帝国　　ウ—北方

問5　下線部(d)に関連して、ウクライナ共和国の都キーウ（キエフ）を10世紀後半に大公として支配した人物について述べた文として正しいものを、次の①〜④のうちから一つ選べ。　22

① デンマーク王を兼ね、カルマル同盟を結成した。
② ステンカ＝ラージンの乱を鎮圧した。
③ 正式にツァーリの称号を用いた。
④ ギリシア正教に改宗した。

問6　下線部(e)について述べた文として正しいものを、次の①〜④のうちから一つ選べ。　23

① 冒頓単于のとき、モンゴル高原を統一して全盛期を迎えた。
② 前漢の武帝の遠征によって北匈奴と南匈奴に分裂した。
③ ソグド文字の影響を受けた北方民族最古の文字を使用した。
④ 八王の乱に呼応して蜂起して、西晋に続いて東晋を滅ぼした。

問7 下線部(f)に関連して、ユダ王国が滅亡した時期として正しいものを、次の表中の①～④のうちから一つ選べ。 24

①

エジプトのアメンホテプ4世が、都をテル゠エル゠アマルナに移した。

②

アッシリアのアッシュルバニパルがニネヴェに文書館を造営した。

③

新バビロニアのネブカドネザル2世が国王に即位した。

④

問8 下線部(g)の最大版図に含まれる川や山脈（川や山脈はその一部がアケメネス朝の領域に含まれていればよい）として**誤っているもの**を、次の①～④のうちから一つ選べ。 25

① ナイル川

② ティグリス・ユーフラテス川

③ ガロンヌ川

④ ザグロス山脈

問9 下線部(h)に関連して、ローマの征服活動について述べた文として正しいものを、次の①～④のうちから一つ選べ。 26

① ローマは、現在のナポリを中心としたエトルリア人を滅ぼし、イタリア半島統一に成功した。

② ローマは、ハンニバル率いるカルタゴ軍をカンネーの戦いで破り、ポエニ戦争に事実上勝利した。

③ 第2回三頭政治に参加したオクタウィアヌスは、エジプトのプトレマイオス朝を滅ぼし、内乱の1世紀を終わらせた。

④ ハドリアヌス帝のあとを継いだトラヤヌス帝は、ダキアやメソポタミアを征服した。

問10 下線部(i)の都市で5世紀に開催された公会議について述べた次のⅠ・Ⅱの文を読み、正誤の組み合わせとして正しいものを、あとの①～④のうちから一つ選べ。 27

Ⅰ ネストリウスの主張が異端とされた。

Ⅱ 三位一体論を否定するアタナシウス派が異端とされた。

① Ⅰ―正 Ⅱ―正 ② Ⅰ―正 Ⅱ―誤

③ Ⅰ―誤 Ⅱ―正 ④ Ⅰ―誤 Ⅱ―誤

イスラーム世界の文化に関する次の年表を見て、あとの問いに答えなさい。

西暦	出来事
632	(a)ヒジュラ暦11年、唯一神アッラーから多くの(b)啓示を受けたムハンマドが死去した。
	あ
705	ダマスクスに（α）ウマイヤ＝モスクの建設を命じたワリード1世がカリフに即位した。
	い
934	(c)『シャー＝ナーメ（王の書）』を著すフィルドゥシーがイラン東部で生誕した。
	う
1067	(d)ニザーム＝アルムルクが、バグダードにニザーミーヤ学院を建てた。
	え
1166	(e)地理学者のイドリーシーが没した。
	お
1328	ハンバル派の思想家イブン＝タイミーヤが、幽閉中に獄死した。
	か
1492	（β）アルハンブラ宮殿を建てたナスル朝が、キリスト教徒の国家によって滅ぼされた。
	き
1632	ヤムナー河畔のアグラで(f)タージ＝マハルの建設が開始された。
	く
1792	(g)ワッハーブ派を創始したイブン＝アブドゥル＝ワッハーブが死去した。
	け
1884	ムハンマド＝アブドゥフが師のアフガーニーとともにパリで『固き絆』を発刊した。
	こ
1988	(h)エジプトのナギーブ＝マフフーズがアラビア語圏初のノーベル文学賞を受賞した。

132

問1　次のA〜Eの文章は、年表の あ 〜 こ の時期のいずれかでおこった出来事の説明である。これらの出来事がおこった時期について述べた文として**誤っているもの**を、あとの①〜④のうちから一つ選べ。

28

A　ニハーヴァンドの戦いで、ササン朝を事実上滅ぼした。
B　ハールーン゠アッラシードが、アッバース朝のカリフに即位した。
C　イラン系のブワイフ朝がバグダードに入城した。
D　カラハン朝が、サーマーン朝を滅ぼした。
E　ウルグ゠ベクが、サマルカンドに天文台を建てた。

①　Aは、 あ の時期の出来事である。
②　Bは、 い の時期の出来事である。
③　Cは、 う の時期の出来事である。
④　DとEは、 え 〜 こ のどの時期にもあてはまらない。

問2　下線部(a)について述べた次のI・IIの文を読み、正誤の組み合わせとして正しいものを、あとの①〜④のうちから一つ選べ。

29

I　ヒジュラ暦の紀元元年は、ムハンマドがメッカを占領した年である。
II　ヒジュラ暦は太陰暦であり、1年が現在の西暦より短い。

①　I一正　II一正　　②　I一正　II一誤
③　I一誤　II一正　　④　I一誤　II一誤

問3　下線部(b)について述べた次の文章を読み、空欄（　ア　）・（　イ　）にあてはまる語句の組み合わせとして正しいものを、あとの①〜④のうちから一つ選べ。

30

イスラーム教の聖典コーラン（クルアーン）は、啓示の書とされ、（　ア　）に編纂された。コーランなどに関わる学問は、固有の学問と呼ばれ、（　イ　）などである。

①　ア―ムハンマドの生前　イ―法学・歴史学
②　ア―ムハンマドの生前　イ―医学・数学
③　ア―正統カリフ時代　　イ―法学・歴史学
④　ア―正統カリフ時代　　イ―医学・数学

問4　下線部(α)と下線部(β)の写真Ⅰ・Ⅱと、その位置を示した地図中のaまたはbとの組み合わせとして正しいものを、あとの①〜④のうちから一つ選べ。　[31]

Ⅰ

Ⅱ

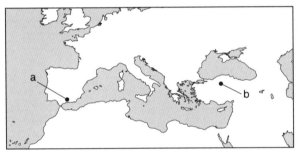

① Ⅰ─a　　② Ⅰ─b
③ Ⅱ─a　　④ Ⅱ─b

問5　下線部(c)は、ガズナ朝のマフムードに献呈された。ガズナ朝について述べた文として正しいものを、次の①〜④のうちから一つ選べ。　[32]
① ベルベル人を中心とする王朝であった。
② 北インドへの侵攻をくり返した。
③ イェニチェリと呼ばれる常備歩兵軍団を整備した。
④ ホラズム＝シャー朝を滅ぼした。

問6　下線部(d)の人物が補佐したマリク＝シャーに仕え、『四行詩集（ルバイヤート）』を残した人物の名前として正しいものを、次の①〜④のうちから一つ選べ。　[33]
① イブン＝バットゥータ　　② フワーリズミー
③ タバリー　　④ ウマル＝ハイヤーム

問7　下線部(e)に関連して、北魏の酈道元が著した中国の地理書は何か。漢字3字で記せ。

49

問8　下線部(f)を建てた人物について述べた文として正しいものを、次の①〜④のうちから一つ選べ。

34

① 　息子アウラングゼーブによって幽閉された。
② 　パーニーパットの戦いで、ロディー朝に勝利した。
③ 　ジズヤを廃止して、ヒンドゥー教徒との融和を試みた。
④ 　プラッシーの戦いで勝利したイギリスに、ベンガル地方のディーワーニー（徴税権）を与えた。

問9　下線部(g)の宗派を現在も国教とする国の位置として正しいものを、次の地図中の①〜④のうちから一つ選べ。

35

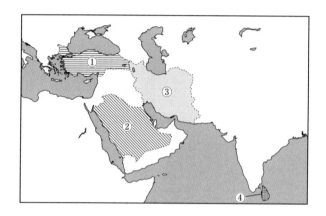

問10　下線部(h)について述べた文として正しいものを、次の①〜④のうちから一つ選べ。

36

① 　レザー＝ハーンを指導者とするワフド党の活動で、エジプトはイギリスからの独立に成功した。
② 　エジプト革命で、エジプト王が追放され、ナギブ・ナセルらの自由将校団が権力を掌握した。
③ 　スエズ運河国有化が宣言されると、イギリス・フランスがエジプトに侵攻して第3次中東戦争が引きおこされた。
④ 　エジプト＝イスラエル平和条約によって、シナイ半島やガザ地区のイスラエル領有が確認された。

戦乱・内戦に関する【A】・【B】の文章を読み、あとの問いに答えなさい。

【A】（　ア　）年に(a)北フランスに位置したノルマンディー公国のギヨームによってイングランドが征服された。彼はウィリアム1世としてイングランド王につき、ノルマン朝を開いた。このノルマン朝では、集権的な王権が整備されたが、必ずしも安定したものではなかった。1100年にウィリアム1世の子ウィリアム2世が急死するとウィリアム2世の(b)兄ロベールが十字軍からの帰国途中で不在であったため、弟のヘンリがヘンリ1世として即位した。兄のロベールは弟のイングランド王位を認めず内戦となったが、ヘンリ1世が勝利し、兄ロベールをとらえることで一応終結した。ヘンリ1世は、イングランド王位後継者として娘のマティルダを指名し、各貴族も同意した。ところが、ヘンリ1世が死去すると甥のスティーブンがイングランド王を称したため、イングランドは「無政府時代」に突入した。この「無政府時代」は、マティルダがスティーブンの王位を承認するかわりに、スティーブンの死去後は、マティルダとアンジュー伯との間の息子アンリがイングランド王となることで収束された。（　イ　）年にアンジュー伯であったアンリは、ヘンリ2世としてイングランド王となり(c)プランタジネット朝が創設された。プランタジネット朝の時代も兄弟の争いやフランスとの(d)百年戦争など戦乱は絶えることはなかった。

問1　空欄（　ア　）・（　イ　）にあてはまる年代の組み合わせとして正しいものを、次の①　〜④のうちから一つ選べ。　　　　　　　　　　　　　　　　　37

① 　ア―1066　イ―1154
② 　ア―1066　イ―1189
③ 　ア―1077　イ―1154
④ 　ア―1077　イ―1189

問2 下線部(a)に関連して、北フランスの都市アミアンについて述べた次のⅠ・Ⅱの文を読み、正誤の組み合わせとして正しいものを、あとの①～④のうちから一つ選べ。 $\boxed{38}$

Ⅰ この都市にはゴシック式の大聖堂が建てられた。
Ⅱ この都市で、1802年にイギリスとフランスの間で講和条約が締結された。

① Ⅰ―正　Ⅱ―正　　② Ⅰ―正　Ⅱ―誤
③ Ⅰ―誤　Ⅱ―正　　④ Ⅰ―誤　Ⅱ―誤

問3 下線部(b)に関連して、ロベールが参加した十字軍について述べた文として正しいものを、次の①～④のうちから一つ選べ。 $\boxed{39}$
① イェルサレム王国が建国された。
② コンスタンティノープルを占領してラテン帝国を建てた。
③ フリードリヒ1世が参加した。
④ カペー朝のルイ9世が主導した。

問4 下線部(c)に関連して、プランタジネット朝の家系図の空欄（　ウ　）・（　エ　）にあてはまる王の名前の組み合わせとして正しいものを、あとの①～④のうちから一つ選べ。
$\boxed{40}$

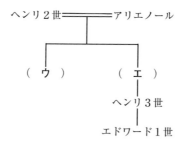

① ウ―ジョン王　　　　　エ―チャールズ1世
② ウ―ジョン王　　　　　エ―リチャード1世
③ ウ―リチャード1世　エ―チャールズ1世
④ ウ―リチャード1世　エ―ジョン王

問5 下線部(d)に関連して、百年戦争期のクレシーの戦いやポワティエの戦いで、イングランドの歩兵戦闘部隊は、ある武器を使用してフランスの重装騎兵を圧倒した。このためイングランドの歩兵戦闘部隊の兵は（　**X**　）兵と呼ばれた。（　**X**　）にあてはまる漢字2字を記せ。 $\boxed{50}$

【B】イングランドの「無政府時代」の12世紀、中国や日本でも戦乱がおこっていた。中国では、開封を都に(e)経済的に繁栄していた北宋が、女真族の(f)金の侵入で滅亡する事件がおきていた。宋王朝そのものは、南宋が建てられたことで、命脈が保たれたが、女真族の金に南宋は(g)臣下の礼をとらざるを得なかった。同じ頃の日本では、東国を中心に河内源氏を祖とする武士団が形成されていった。とくに12世紀中頃の皇位継承などをめぐって勃発した戦乱では、武士の力が最終的に乱の決着をつけ源氏・平氏の武士が大きな力をもつようになった。その後、源氏の勢力を破った平清盛は、日本で最初の武家政権を樹立した。武家政権は、平氏が滅亡した後も、源頼朝を征夷大将軍とする(h)鎌倉幕府へと続いた。この鎌倉幕府の時代は、(i)モンゴルの侵攻という外寇もあったが、宝治合戦、霜月騒動などイングランドに似た身内に近い一族同士の争いが頻繁におきることとなった。

問6　下線部(e)の理由について述べた文として正しいものを、次の①〜④のうちから一つ選べ。 | 41 |

①　トウモロコシが華北で栽培されたため。
②　長江下流域で圩田・湖田などの新田開発が進み、稲作の生産量が増加したため。
③　長江中流域が穀倉地帯となり「湖広熟すれば天下足る」といわれるようになったため。
④　日本との交易で膨大な石見産の銀が流入して、国内の遠隔地交易が活発化したため。

問7　下線部(f)について述べた次の文章を読み、空欄（　**オ**　）・（　**カ**　）にあてはまる語句の組み合わせとして正しいものを、あとの①〜④のうちから一つ選べ。 | 42 |

　北宋が金によって滅ぼされた事件を靖康の変というが、この事件で、上皇と皇帝、さらに皇后など3000人程が北方に連れ去られた。連れ去られた上皇（　**オ**　）は、「桃鳩図」を残すなど院体画の名手であった。連行された人物のうち帰国を許された秦檜は、（　**カ**　）。

①　**オ**―欽宗　**カ**―南宋と金の和議を進めた
②　**オ**―欽宗　**カ**―金に対する北伐を主張した
③　**オ**―徽宗　**カ**―南宋と金の和議を進めた
④　**オ**―徽宗　**カ**―金に対する北伐を主張した

問8　下線部(g)について述べた次のⅠ・Ⅱの文を読み、正誤の組み合わせとして正しいものを、あとの①〜④のうちから一つ選べ。 | 43 |

　Ⅰ　琉球王国の尚巴志は、明の皇帝に対して臣下の礼をとった。
　Ⅱ　足利義満は、唐王朝との貿易をおこなうため、唐朝の皇帝と君臣関係を結んだ。

①　Ⅰ―正　Ⅱ―正　　　②　Ⅰ―正　　Ⅱ―誤
③　Ⅰ―誤　Ⅱ―正　　　④　Ⅰ―誤　　Ⅱ―誤

問9　下線部(h)に関連して、鎌倉幕府が滅亡した14世紀の世界について述べた文として正しい
　　　ものを、次の①～④のうちから一つ選べ。　　　　　　　　　　　　　　44

　①　インカ帝国がスペインの侵攻を受けて滅亡した。
　②　ガーナ王国が、サハラ縦断交易で台頭しつつあった。
　③　シュリーヴィジャヤ王国（室利仏逝）が、チョーラ朝の侵攻を受ける直前であった。
　④　ヨーロッパで、黒死病（ペスト）が大流行した。

問10　下線部(i)について、モンゴルは世界各地に侵攻した。侵攻した王朝・国家とその侵攻を
　　　指導した人物の組み合わせとして正しいものを、次の①～④のうちから一つ選べ。　　45

　①　サファヴィー朝――フビライ　　　　②　サファヴィー朝――バトゥ
　③　大理――フビライ　　　　　　　　　④　大理――バトゥ

歴史能力検定 第41回（2022年）
2級—世界史　解答・解説

1—①	2—②	3—④	4—③	5—①
6—④	7—②	8—④	9—③	10—①
11—③	12—③	13—①	14—②	15—②
16—③	17—①	18—④	19—②	20—①
21—③	22—④	23—①	24—④	25—③
26—③	27—④	28—②	29—③	30—①
31—①	32—②	33—④	34—①	35—②
36—②	37—①	38—①	39—①	40—④
41—②	42—③	43—②	44—④	45—③

46—科学技術　　47—グラスノスチ　　48—スキタイ

49—水経注　　50—長弓

1

1．②東南アジアで唯一独立を維持したのは、タイ。③リー＝クアンユーは、シンガポールの指導者。④ビルマ（ミャンマー）はイギリスの植民地。

2．①『四書大全』は永楽帝のとき。③雍正帝は、六部を廃止していない。中書省を廃止したのは、明の洪武帝。④新疆は東トルキスタン。

3．①は1829年、②は1837年、③は1846年。

4．シャルル10世がフランス王となったのは1824年。七月王政の始まりは1830年。ナポレオン3世の第二帝政の始まりは1852年。

5．④bは南京。アヘン戦争の講和条約は、1842年に締結された南京条約。南京条約で、香港島がイギリスに割譲された。

6．④アのイギリス領であった現在のマレーシアは、イの錫鉱山の労働力として中国人が移住した。

7．①は、陳独秀。③は、孫文死後におこった大衆運動。④は、張学良がおこした西安事件。

8．④Ⅰマオリ人は、ニュージーランドの先住民。オーストラリアの先住民はアボリジニー。Ⅱ太平洋安全保障条約は、オーストラリアとニュージーランドとアメリカ合衆国との条約。

9．①マッキンリーは、アメリカ＝スペイン戦争のときの大統領。②タフトはドル外交をおこなった。④フーヴァーは、世界恐慌が勃発したときの大統領。

46．「四つの現代化」は、「国防、工業、農業、科学技術」。

2

10．①Ⅰ・Ⅱモンロー教書は、アメリカ大陸とヨーロッパ大陸の相互不干渉を主張した。

11．②アのミシシッピ川以西のルイジアナを購入したのは、トマス＝ジェファソン。イの北緯49度線は、現在のカナダとアメリカ合衆国との境界となっている。

12．②bはブラジル。ブラジルは、ポルトガルの植民地。

13．①ポルトガルがカスティリャ王国から分離・独立したのは、12世紀。

14．①全権委任法は、国会の議決を経て合法的に成立した。③再軍備宣言の後に英独海軍協定が結ばれ、この協定で、イギリスはドイツの再軍備を承認した。④ローザ＝ルクセンブルクは、スパルタクス団の蜂起が失敗した1919年に殺害された。

15．③アフガニスタンのタリバン政権を打倒した共和党のブッシュ（子）政権は、アフガニスタンに武器・経済援助をおこなった。

47．1985年にソ連のゴルバチョフは、ペレストロイカ（改革）を開始し、翌年からグラスノスチ（情報公開）を本格化した。

16．③1948年にソ連がベルリン封鎖を開始すると、翌年の1949年に北大西洋条約機構（NATO）が成立した。1955

年に西ドイツ（ドイツ連邦共和国）がNATOに加盟する
と同年にワルシャワ条約機構が成立した。

17. ②は1997年、③は1999年、④は2001年のこと。

18. ①バオダイは、ベトナム国元首。②南ベトナム解放民族
戦線が結成されたのは、スターリン死後の1960年。③ジョ
ンソン大統領は、北爆を実施したが、そのとき核兵器は使
用していない。

3

48. 騎馬遊牧民のスキタイは、馬具などの青銅製の工芸品を
残した。

19. ①は、アメンホテプ4世が信仰を強制した唯一神。③は、
ヒンドゥー教の破壊神。④は、ゾロアスター教の善神・光
明神。

20. ②ヘレネスは、ギリシア人の自称。バルバロイは、異民
族のこと。③クレイステネスは、イオニア人が創始したア
テネの政治家。④フェニキア文字がギリシア文字の成立に
影響を与えた。

21. ②イのセルジューク朝は、11世紀にアナトリア半島（小
アジア）に侵入した。ウの北方戦争は、スウェーデンとロ
シアのピョートル1世などが戦った18世紀前半の戦争。

22. キーウ（キエフ）を支配した大公は、ウラディミル1世。
①14世紀末にカルマル同盟を結成したのはマルグレーテ。
②ステンカ＝ラージンの乱は、17世紀に起こった農民反乱。
ロマノフ朝の軍によって鎮圧された。③正式にツァーリの
称号を用いたのは、モスクワ大公国のイヴァン4世（雷帝）。

23. ②匈奴が南北に分裂するのは、後漢時代。③北方民族最
古の文字を使用したのは、突厥。④匈奴は、東晋は滅ぼし
ていない。

24. ②ユダ王国は、前6世紀に新バビロニアのネブカドネザ
ル2世によって滅ぼされた。

25. ③は、南フランスを流れる川。

26. ①エトルリア人は、イタリア半島北部に居住していた。
②カンネーの戦いで、ローマはハンニバルに完敗した。④
トラヤヌス帝は、ハドリアヌス帝の以前の皇帝。

27. ②IIアタナシウス派は正統教義。

4

28. ④Dサーマーン朝の滅亡は⑤の時期で、Eティムール朝
期にウルグ＝ベクがサマルカンドに天文台を建設するのは、
15世紀前半でかの時期にあたる。

29. ③Iヒジュラ暦の紀元元年は、ムハンマドがメッカから
メディナに移住（ヒジュラ）した年である。

30. ②イの医学・数学などは、ギリシアに由来し、外来の学
問と呼ばれた。

31. ②④bの位置は、アンカラ。1402年にオスマン帝国とティ
ムールがアンカラで戦い、オスマン帝国は大敗した。II
はダマスクスにあるウマイヤ＝モスク。

32. ①ベルベル人の王朝としては、ムラービト朝やムワッヒ

ド朝がある。③のイェニチェリは、オスマン帝国の常備歩
兵軍団。④ホラズム＝シャー朝を事実上滅ぼしたのは、チ
ンギス＝ハン。

33. ①は、『旅行記（三大陸周遊記）』を残した。②は、アッ
バース朝期の数学者。③は、アッバース朝期に『預言者た
ちと諸王の歴史』をまとめた歴史家。

49. 『水経注』は、魏晋南北朝時代の地理書。

34. タージ＝マハルを建てたのはシャー＝ジャハーン。
②は、バーブルで、彼はムガル帝国を建てた。③は、ムガ
ル帝国第3代の皇帝であるアクバルのこと。④は、18世紀
後半の出来事。

35. ②ワッハーブ派を国教とするのは、サウジアラビア王国。
①はトルコ。③はイラン。④はスリランカ。

36. ①レザー＝ハーンは、イランのパフレヴィー朝を創始し
た。③スエズ運河国有化が宣言されて始まった戦争は、第
2次中東戦争（スエズ戦争）。④エジプト＝イスラエル平和
条約で、シナイ半島のエジプト返還が同意された。

5

37. ④アの1077年はのちの神聖ローマ皇帝ハインリヒ4世が、
教皇グレゴリウス7世に謝罪したカノッサの屈辱（カノッ
サ事件）の年。イの1189年は、第3回十字軍が開始された
年。

38. I・IIともに正しい。

39. ロベールが参加したのは、第1回十字軍。②は、第4回
十字軍のこと。③は、第3回十字軍。④は、第6回・第7
回十字軍。

40. ①ウのジョン王は、リチャード1世の弟。エのチャール
ズ1世は、ピューリタン革命で処刑されたステュアート朝
の王。

50. 長弓兵は、イングランドの農民を主力とする歩兵戦闘部
隊。

41. ①は17世紀以降、③は、明末以降。④日本の石見銀山の
銀が中国に流入するのは、明末頃。

42. ②オの欽宗は、徽宗の息子で靖康の変で北方に連れ去ら
れた北宋最後の皇帝。カの南宋で金に対して主戦論を唱え
たのは岳飛。

43. ②II足利義満は、明の皇帝に臣下の礼をとり、明と勘合
貿易をおこない、莫大な富を得た。

44. ①インカ帝国は、16世紀にスペイン人ピサロに滅ぼされ
た。②ガーナ王国は、7世紀頃から台頭した。③シュリー
ヴィジャヤ王国が南インドのチョーラ朝の侵攻を受けたの
は、11世紀のこと。

45. ②サファヴィー朝は、大モンゴル国が崩壊後の16世紀に
成立したイランの王朝。バトゥは、キプチャク＝ハン国を
創設して、ロシアを支配。

【写真提供】ユニフォトプレス

2022年11月

歴史能力検定 第41回

2 級—日本史

——受験上の注意点——

1. 試験監督者の試験開始の指示があるまで、問題用紙は開かないでください。
2. 試験開始前に、解答用紙に必要事項を記入し、誤りがないか確認してください。
3. 問題文は17ページまでありますので、落丁がないか、最初に確認してください。
4. 解答用紙の受験番号欄には、必ず受験番号（10桁）をマークしてください。
   ※受験番号が正しくマークされていない場合は採点されません。
5. 問題文には、各冒頭部分に問番号（**問1**、**問2**……）がついていますが、これとは別に、文末部分に四角で囲った番号がそれぞれついています（ 1 、 2 、 3 ……）。
   この四角で囲った番号に対応する解答欄に、解答をマークしてください。
   なお、問番号と、四角で囲った番号とは、必ずしも一致しませんので、ご注意ください。
6. 問題は 1 ～ 45 が正解肢を選ぶ問題、 46 ～ 50 が記述問題となっています。
   なお、記述問題の 46 ～ 50 は、正解肢を選ぶ問題の 1 ～ 45 の間に、割り込むように配置されています。必ずしも通し番号順に問題が並んでいませんので、ご注意ください。
7. 1 ～ 45 の正解肢を選ぶ問題には、正解肢が必ず1つあります。正解肢のない問題も、2つ以上正解肢のある問題もありません。正解と考える肢1つを選択し、該当番号をマークしてください。
   マークの仕方や消し方が悪いと採点されませんので、次の事項に十分注意してください。
   イ．記入はHB以上の鉛筆またはシャープペンシルを使用し、はっきりとわかるようにすること（サインペン・万年筆・ボールペンは不可）
   ロ．訂正は消しゴムで跡が残らないように完全に消すこと
   ハ．所定の場所以外に文字等を記入しないこと
   ニ．解答用紙を折り曲げたり汚したりしないこと
8. 46 ～ 50 の記述問題の解答は、解答欄右側の「記述（2級）」に書いてください。
9. 記述問題で人名・事件名などを答える場合は、教科書や新聞などで一般的に使用されている名前を使用してください。
10. 試験時間中は、出題問題についての質問は受け付けません。
11. 試験時間は50分です。
12. 試験時間中に、トイレを使用する等でやむをえず席を立つ場合には、試験監督者の許可を受けた上で、隣の人の迷惑にならないよう静かに移動してください。
13. 試験時間中の喫煙・飲食等を禁止します。
14. 試験終了の合図があり次第、筆記用具をおき、試験監督者の合図があるまでは席を立たないでください。なお、質問、トイレのための退席等、理由の如何を問わず、試験時間は延長しません。
15. 不正行為をした場合、答案は無効となります。

問題文の国名・人名・事件名などの表記は高等学校の教科書による。

——準会場（団体受験）で受験される方——
この問題冊子は試験終了後に回収します。試験当日の持ち帰りは禁止です。
再配布時期は団体責任者にご確認ください。

歴史能力検定協会

1

　原始・古代の女性に関する次の文章を読み、あとの問いに答えなさい。（引用した史料は、一部書き改めたところがある。）

　呪術が発達した縄文時代には、おもに女性を表現した（　ア　）がつくられた。これらにはハート形（　ア　）、遮光器（　ア　）などの種類があり、多くは壊れた形で出土している。
　日本史上、確実に名前のわかる最初の女性とされているのは、(a)中国史書にみえる卑弥呼である。卑弥呼やその宗女とされる壱与は、呪術を用いるシャーマンとしての役割を果たし、宗教的権威をもって諸国を支配していたと考えられている。
　(b)古墳時代は一般的に、前期（3世紀中頃～4世紀後半）、中期（4世紀後半～5世紀末）、後期（6～7世紀）に区分される。このうち前期の古墳については、主要な被葬者が女性である例が(c)九州から近畿・北陸・関東にいたる地域で発見されており、女性首長の存在が確実視されている。
　6世紀末から7世紀にかけて、(d)推古天皇・皇極天皇・斉明天皇・持統天皇といった、女性天皇が活躍した。皇極天皇は乙巳の変を機に退位し、(e)孝徳天皇のもとで大化改新と呼ばれる政治が推進された後、斉明天皇として再度即位したため、7世紀には3人、4代の女性天皇が倭（日本）の政治に関わったことになる。
　8世紀初頭には、文武天皇のもとで(f)大宝律令が制定された。文武天皇の母にあたる元明天皇や、その娘の元正天皇は、藤原不比等の娘である宮子と文武天皇との間に生まれた首皇子が成長するまでの中継ぎとして即位したともいわれている。首皇子は、724年に(g)聖武天皇として即位した。
　聖武天皇の娘にあたる孝謙天皇は、（　イ　）に関わった淳仁天皇が淡路に流された後、称徳天皇として再度即位した。
　平安時代になると、女性が天皇として即位することはなかったが、『（　ウ　）』の作者藤原道綱の母や『源氏物語』の作者紫式部など、文学を中心に、多くの女性が文化面で足跡を残した。

問1　空欄（　ア　）にあてはまる語句を、漢字2字で記せ。　　　　　| 46 |

問2 下線部(a)に関連して、次の史料にみえる印綬の「印」にあたるとされる金印が出土した場所として正しいものを、あとの地図中の①～④のうちから一つ選べ。 ☐1

建武中元二年、倭の奴国、貢を奉じて朝賀す。使人自ら大夫と称す。倭国の極南界なり。光武、賜ふに印綬を以てす。

（『後漢書』東夷伝）

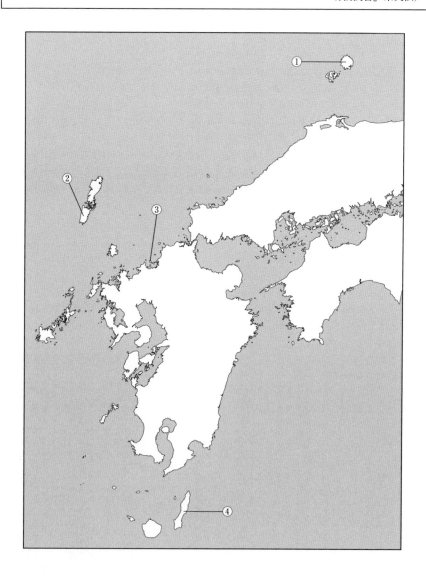

問3　下線部(b)に関連して、古墳時代の社会について述べた文として**誤っているもの**を、次の①～④のうちから一つ選べ。　　2

①　太占の法や盟神探湯といった、呪術的な風習がおこなわれた。

②　春の祈年の祭など、農耕に関する祭祀が重視された。

③　集落には、竪穴住居や平地住居、高床倉庫などがみられた。

④　朝鮮半島から伝わった技術によって、土師器が生産された。

問4　下線部(c)に関連して、古代の関東・北陸・九州地方について述べた次のⅠ～Ⅲの文を読み、年代が古い順に正しく配列したものを、あとの①～④のうちから一つ選べ。　　3

Ⅰ　関東地方で平忠常が反乱をおこしたが、源頼信らによって鎮圧された。

Ⅱ　墾田永年私財法が出され、北陸地方に東大寺の荘園が形成された。

Ⅲ　百済からの亡命貴族の指導下で、九州地方に水城や大野城が築かれた。

①　Ⅰ→Ⅱ→Ⅲ　　　②　Ⅲ→Ⅱ→Ⅰ　　　③　Ⅱ→Ⅰ→Ⅲ　　　④　Ⅰ→Ⅲ→Ⅱ

問5　下線部(d)について述べた文として正しいものを、次の①～④のうちから一つ選べ。　　4

①　推古天皇のもとで、冠位十二階や憲法十七条が定められた。

②　皇極天皇のもとで、飛鳥浄御原令の作成が進められた。

③　斉明天皇は、八色の姓を定め豪族を新たな身分秩序に編成した。

④　持統天皇は、本格的な宮都である平城京への遷都を断行した。

問6　下線部(e)に関連して、孝徳天皇のもとで、右大臣に任じられた人物の名前として正しいものを、次の①～④のうちから一つ選べ。　　5

①　阿倍内麻呂　　　②　蘇我倉山田石川麻呂　　　③　中臣鎌足　　　④　高向玄理

問7　下線部(f)に関連して、律令制下では、全国は畿内と七道に区分された。七道のうち、現在の四国地方を中心とする地域にあたるものとして正しいものを、次の①～④のうちから一つ選べ。　　6

①　南海道　　②　西海道　　③　東山道　　④　山陰道

問8 下線部(g)に関連して、聖武天皇によって出された詔の一部として正しいものを、次の①〜④のうちから一つ選べ。 7

① 開墾を営む者有らば、多少を限らず、給ひて三世に伝へしめん。

② 菩薩の大願を発して、盧舎那仏の金銅像一躯を造り奉る。

③ 初めて戸籍・計帳・班田収授の法を造れ。

④ 和を以て貴しと為し、忤ふること無きを宗と為よ。

問9 空欄（ **イ** ）にあてはまる語句として正しいものを、次の①〜④のうちから一つ選べ。 8

① 藤原広嗣の乱 ② 恵美押勝の乱

③ 平城太上天皇の変（薬子の変） ④ 橘奈良麻呂の変

問10 空欄（ **ウ** ）にあてはまる語句として正しいものを、次の①〜④のうちから一つ選べ。 9

① 十六夜日記 ② 土佐日記 ③ 更級日記 ④ 蜻蛉日記

　中世の貨幣に関する次の文章を読み、あとの問いに答えなさい。（引用した史料は、一部書き改めたところがある。）

　古代国家のもとでは、富本銭のほか、皇朝十二銭（本朝十二銭）と総称される銭貨が鋳造されたが、村上天皇の時代の乾元大宝を最後に、国家による貨幣発行はおこなわれなくなった。
　12世紀後半になると、平氏政権によって(a)大輪田泊が修築され、盛んになった日宋貿易を背景に、大量の宋銭が流入した。(b)鎌倉時代後期に成立したとされる編年体の歴史書『百練（錬）抄』には、1179年の記事に「近日、天下の上下、病悩す。これを銭の病と号す」と記されており、貨幣の広まりを知ることができる。
　ただし、『百練（錬）抄』は、(c)京都の公家が記したものであるため、ここでいう「天下」は、京都を中心とした畿内、もしくは西国を指すと捉えられている。「銭の病」については、銭に付着していた細菌が感染症を引きおこしたとする解釈もあるが、一般的には、「多くの人びとが銭を求めるようになった」といった社会現象を風刺したものと考えられている。
　「銭の病」の記述から知られるように、(d)源平の争乱の頃、畿内を中心とする地域では、すでに貨幣経済が浸透していたものの、東国では物々交換や自給自足、あるいは布を媒介とした交換経済の段階であった。平清盛のもとでは、貨幣経済の浸透を前提とした商業重視の方針がとられたのに対し、(e)源頼朝の経済政策は、倹約を奨励し、土地を重視して農業の発展をうながそうとするものであったと考えられている。
　しかし、(f)1225年、鶴岡八幡宮寺での供養の布施に銭貨が含まれており、13世紀前半になると、東国にも貨幣経済は浸透するようになっていた。13世紀末には、貨幣経済の浸透や（　ア　）のくり返しなどを原因とした御家人の窮乏を背景に、（　イ　）のもとで永仁の徳政令が出された。
　中世において、実際に貨幣が鋳造・発行されることはなかったが、計画されたことはあった。(g)後醍醐天皇が、大内裏造営を計画し、乾坤通宝の鋳造や、紙幣発行を計画した事例である。
　15世紀になると、(h)日明貿易の開始にともない、宋銭に加え、明銭も流通するようになった。貨幣需要の増大とともに粗悪な私鋳銭が流通すると、(i)商業活動において良銭を選びとる撰銭が一般化した。撰銭は円滑な商業活動を阻害したため、室町幕府や戦国大名は、各種銭貨の通用価値を公定したり、悪銭と良銭の交換比率を定めたりした撰銭令を発布した。

問1　下線部(a)の場所として正しいものを、地図中の①〜④のうちから一つ選べ。　　　10

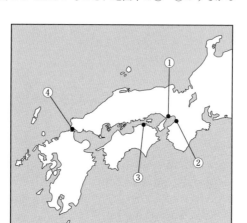

問2　下線部(b)に関連して、鎌倉時代末期に、虎関師錬によってまとめられた編年体の仏教史
書の名称を、漢字4字で記せ。　　　47

問3　下線部(c)に関連して、中世の公家について述べた次のⅠ〜Ⅲの文を読み、年代が古い順
に正しく配列したものを、あとの①〜④のうちから一つ選べ。　　　11

　Ⅰ　公家の間に連歌が広まるなかで、二条良基によって連歌の規則書『応安新式』が制定さ
れた。
　Ⅱ　公家の間で有職故実の学が盛んになるなかで、順徳天皇によって、有職故実の書『禁秘
抄』が著された。
　Ⅲ　一条兼良が『源氏物語』の注釈書である『花鳥余情』を著すなど、公家が古典研究に力
を入れた。

　①　Ⅰ→Ⅱ→Ⅲ　　　②　Ⅲ→Ⅱ→Ⅰ　　　③　Ⅱ→Ⅰ→Ⅲ　　　④　Ⅰ→Ⅲ→Ⅱ

問4　下線部(d)に関連して、源平の争乱のさなかに源頼朝が設けた機関の名称として**誤ってい
るもの**を、次の①〜④のうちから一つ選べ。　　　12
　①　侍所　　　②　記録所　　　③　問注所　　　④　公文所

問5　下線部(e)に関連して、源頼朝や鎌倉時代の農業について述べた文として正しいものを、次の①〜④のうちから一つ選べ。　　　　　　13

① 源頼朝は、守護に対して一国内の荘園や公領の年貢の半分を徴発する権限を認めた。

② 源頼朝は、御家人に対して地頭に任命することで先祖伝来の所領の支配を保障した。

③ 鎌倉時代には、備中鍬などの新たな農具が普及し、生産力の上昇がうながされた。

④ 鎌倉時代には、三毛作が各地に普及し、干鰯などの金肥が利用されるようになった。

問6　下線部(f)の1225年に北条泰時のもとで設置された、重要政務や裁判を合議するための役職の名称として正しいものを、次の①〜④のうちから一つ選べ。　　　　　　14

① 評定衆　　　② 引付衆　　　③ 同朋衆　　　④ 奉公衆

問7　空欄（　ア　）・（　イ　）にあてはまる語句の組み合わせとして正しいものを、次の①〜④のうちから一つ選べ。　　　　　　15

① アー単独相続　イー北条実時　　　② アー単独相続　イー北条貞時

③ アー分割相続　イー北条実時　　　④ アー分割相続　イー北条貞時

問8　下線部(g)の後醍醐天皇について述べた文として正しいものを、次の①〜④のうちから一つ選べ。　　　　　　16

① 両統迭立の原則のもと、光明天皇の譲位を受けて即位した。

② 後深草天皇を祖とする、持明院統の天皇である。

③ 元弘の変の後、鎌倉幕府によって隠岐に流された。

④ 足利義満の提案を受け、南北朝の合体に応じた天皇である。

問9　下線部(h)に関連して、15世紀後半に、堺の商人、博多の商人とそれぞれ結んで日明貿易を主導するようになった有力守護の組み合わせとして正しいものを、次の①〜④のうちから一つ選べ。　　　　　　17

① 堺商人―細川氏　博多商人―大内氏

② 堺商人―細川氏　博多商人―山名氏

③ 堺商人―斯波氏　博多商人―大内氏

④ 堺商人―斯波氏　博多商人―山名氏

問10　下線部(i)に関連して、室町時代の商業活動について述べた文として正しいものを、次の①〜④のうちから一つ選べ。　　　　　　18

① 京都の郊外を拠点とした大原女のように、女性が行商人として活躍することもあった。

② 北野神社を本所とする大山崎油座をはじめ、本所の保護を受けた座が営業を独占した。

③ 越後屋呉服店が京都に開かれ、新たな商法によって多くの利益を獲得した。

④ 十組問屋や二十四組問屋が結成され、商品流通の円滑化をうながす役割を果たした。

3

伊能忠敬に関する次の文章を読み、あとの問いに答えなさい。

　伊能忠敬は、(a)享保の改革を推進した徳川吉宗が将軍を辞した1745年に上総国山辺郡小関村で生まれた。３番目の子として生まれたため、三治郎と名づけられた。三治郎（忠敬）が生まれた上総国小関村は、九十九里浜のほぼ中央に位置しており、生家は小関姓を名乗る、（　ア　）漁の網元で、村の名主もつとめる家柄であったという。九十九里浜では地曳網を用いた（　ア　）漁が盛んで、生活には欠かせない塩も生産されていた。水産業の発達した九十九里によって、地域は活性化し、(b)学問も盛んとなるなかで、忠敬は当時の一般的な漁民の子とは違った教養を身につけることができた。

　1762年、忠敬は、佐原の大商家伊能家の養子となり、名を忠敬と改めた。伊能家は、(c)酒造業や米穀売買、船運業などを営む、村を代表する名家で、婿入りした忠敬は家業に専念した。（　イ　）が利根川筋の河岸問屋を公認制にして運上金を取り立てようとする政策や、（　ウ　）の飢饉に直面しつつも、忠敬は家業を軌道にのせ、(d)寛政の改革がおこなわれていた時期にあたる1790年、隠居を望んだ。当時の平均寿命からすれば、40代半ばの隠居は一般的ではあったが、村からは村政に関わることを望まれ、1794年にようやく長男に家業を継がせることができた。

　1795年、忠敬は19歳年下の高橋至時に弟子入りし、数年間、暦学や測量術を学んだ。(e)ロシア船が接近するなど、北方の防衛が大きな課題となるなかで、幕府は忠敬に蝦夷地などの調査を許可した。

　1800年閏４月に深川を出発した忠敬ら一行は、(f)仙台を経由して５月に蝦夷地に入り、７月には釧路に到着した。第１次測量の実績を幕府に認められた忠敬は、1801年に第２次測量に着手した。1800年に始まった測量は、以後数回にわたっておこなわれた。その間、測量・地図作成は、幕府の正式な事業としての性格を強めていった。忠敬は、蝦夷地から17年間かけて全国の沿岸を測量し、1818年、74歳で死去した。しかし、忠敬の死後も弟子らによって地図の作成は継続され、1821年、（　エ　）が完成した。

　「伊能図」と通称されるこの地図は、一般に流布させることはなく、江戸城に眠ったままとされた。国外への持ち出しも禁じられていたが、1829年には、前年にこの地図を持ち出そうとしたとみなされた（　オ　）が、国外に追放される事件がおこった。

問1 下線部(a)について述べた文として正しいものを、次の①～④のうちから一つ選べ。

19

① 三家の水戸藩主であった徳川吉宗は、8代将軍に就任した後、約50年間にわたって改革を推進した。

② 徳川吉宗は、側用人の柳沢吉保を重用し、動物を保護する政策を実施して犬公方と呼ばれた。

③ 享保の改革では、漢訳洋書の輸入禁止が緩和され、青木昆陽のもとで甘藷の普及が実現した。

④ 享保の改革では、定免法が広く採用され、その年の収穫に応じて年貢率が定められるようになった。

問2 空欄（　ア　）にあてはまる語句として正しいものを、次の①～④のうちから一つ選べ。

20

① 鰯　　　② 鯨　　　③ 鰹　　　④ 鰊

問3 下線部(b)に関連して、江戸時代の学問について述べた文として正しいものを、次の①～④のうちから一つ選べ。

21

① 貝原益軒が『庶物類纂』、稲生若水が『大和本草』を著すなど、本草学が発達した。

② 天文学では、渋川春海が従来の暦を観測によって修正し、日本独自の寛政暦をつくった。

③ 関孝和が『塵劫記』を、吉田光由が『発微算法』を著すなど、和算が発達した。

④ 医学では、西洋の内科書を訳して『西説内科撰要』を著した宇田川玄随が活躍した。

問4 下線部(c)に関連して、酒造業が盛んだった摂津の地名として**誤っているもの**を、次の①～④のうちから一つ選べ。

22

① 池田　　　② 伊丹　　　③ 野田　　　④ 灘

問5 空欄（　イ　）・（　ウ　）にあてはまる語句の組み合わせとして正しいものを、次の①～④のうちから一つ選べ。

23

① イ―田沼意次　ウ―天保　　　② イ―田沼意次　ウ―天明

③ イ―新井白石　ウ―天保　　　④ イ―新井白石　ウ―天明

問6 下線部(d)に関連して、寛政の改革について述べた文として**誤っているもの**を、次の①～④のうちから一つ選べ。

24

① 山東京伝や、『三国通覧図説』や『海国兵談』を著した林子平らが処罰された。

② 飢饉に備えて囲米を命じ、各地に社倉・義倉をつくらせて、米穀を蓄えさせた。

③ 寛政異学の禁にともない、柴野栗山、尾藤二洲、荻生徂徠といった儒官が登用された。

④ 棄捐令が出され、一定の条件のもとで、札差に貸金を放棄させる措置がとられた。

154

問7 下線部(e)に関連して、ロシアの接近と幕府のとった措置について述べた次のⅠ～Ⅲの文を読み、年代が古い順に正しく配列したものを、あとの①～④のうちから一つ選べ。 | 25 |

Ⅰ　東蝦夷地に加えて西蝦夷地を直轄にし、全蝦夷地を松前奉行の支配のもとにおいた。
Ⅱ　近藤重蔵・最上徳内らに択捉島を探査させ、「大日本恵登呂府」の標柱を立てさせた。
Ⅲ　根室に来航したロシア使節ラクスマンが、漂流民を届けるとともに、通商を求めた。

①　Ⅰ→Ⅱ→Ⅲ　　②　Ⅲ→Ⅱ→Ⅰ　　③　Ⅱ→Ⅰ→Ⅲ　　④　Ⅰ→Ⅲ→Ⅱ

問8 下線部(f)に関連して、1613年、仙台藩主の伊達政宗がスペインに派遣した人物の名前として正しいものを、次の①～④のうちから一つ選べ。 | 26 |
①　高山右近　　②　支倉常長　　③　茶屋四郎次郎　　④　山田長政

問9 空欄（　エ　）にあてはまる語句を、漢字9字で記せ。 | 48 |

問10 空欄（　オ　）にあてはまる人物の名前として正しいものを、次の①～④のうちから一つ選べ。 | 27 |
①　レザノフ　　②　ケンペル　　③　シドッチ　　④　シーボルト

— 10 —

近現代の治安立法に関する次の表を見て、あとの問いに答えなさい。

名　称	制定年	内　　容
新聞紙条例 讒謗律	1875 1875	(a)自由民権運動の口火がきられるなか、大阪会議を経て制定。新聞紙条例は(b)新聞・雑誌の弾圧を目的として制定。讒謗律は、讒毀・誹謗に対する刑罰を規定。これらの制定を受け、(c)『明六雑誌』は廃刊となった。
集会条例	1880	国会期成同盟が結成されるなど、(d)国会開設要求が高揚するなかで、制定された。
保安条例	1887	(e)外交失策の挽回などを内容とする「三大事件建白書」が（　ア　）に提出され、（　イ　）が展開されるなかで制定された。
治安警察法	1900	(f)労働運動や社会主義運動が活発化するなかで制定された。1920年に結成された（　ウ　）の活動などを背景に、1922年に第5条が改正され、女性も政治演説会に参加できるようになった。
治安維持法	1925	同年に締結された日ソ基本条約や、(g)普通選挙法の影響が危惧されるなかで制定された。
破壊活動防止法	1952	(h)日本の主権回復が実現した年に制定された。暴力的破壊活動をおこなった団体の取り締まりを規定。

問1　下線部(a)に関連して述べた文として**誤っているもの**を、次の①〜④のうちから一つ選べ。

[28]

①　自由民権運動は、民撰議院設立の建白書の提出によってその口火がきられた。
②　自由民権運動が展開されるなかで、板垣退助らによって自由党が結成された。
③　大阪会議は、政府の大久保利通と、江藤新平、木戸孝允らによって開かれた。
④　大阪会議が開かれた年に、会議の結果を受けて漸次立憲政体樹立の詔が出された。

問2 下線部(b)に関連して、明治期の新聞・雑誌について述べた文として**誤っているもの**を、次の①～④のうちから一つ選べ。　　　　　　　　　　　　　　　　　29

① 鉛製活字の量産技術が導入されるなかで、『横浜毎日新聞』が創刊された。
② 社会主義者の幸徳秋水や堺利彦らは、『平民新聞』で日露戦争に反対した。
③ 三宅雪嶺や志賀重昂らは民友社を設立して、雑誌『国民之友』を刊行した。
④ 伊藤左千夫や長塚節らによって、短歌雑誌『アララギ』が創刊された。

問3 下線部(c)に関連して、明六社の設立を発議した森有礼について述べた文として正しいものを、次の①～④のうちから一つ選べ。　　　　　　　　　　　　　30

① 『西国立志編』や『自由之理』を刊行した。
② 慶応義塾を創設した。
③ 『人権新説』を著した。
④ 初代文部大臣となった。

問4 下線部(d)に関連して、1890年に開催された第一議会における、代表的な吏党の名称として正しいものを、次の①～④のうちから一つ選べ。　　　　　　　31

① 大成会　　　② 革新倶楽部　　　③ 立憲改進党　　　④ 立憲帝政党

問5 下線部(e)に関連して、条約改正交渉を推進した井上馨は、交渉を有利に進めるために欧化政策を展開した。欧化政策を象徴する建築物の名称として正しいものを、次の①～④のうちから一つ選べ。　　　　　　　　　　　　　　　　　　32

① 集成館　　　② 鹿鳴館　　　③ 造士館　　　④ 時習館

問6 空欄（　ア　）・（　イ　）にあてはまる語句の組み合わせとして正しいものを、次の①～④のうちから一つ選べ。　　　　　　　　　　　　　　　　　　33

① ア―元老院　イ―地方改良運動　　　② ア―元老院　イ―大同団結運動
③ ア―枢密院　イ―地方改良運動　　　④ ア―枢密院　イ―大同団結運動

問7 下線部(f)に関連して、近代の労働運動・社会主義運動について述べた次のⅠ～Ⅲの文を読み、年代が古い順に正しく配列したものを、あとの①～④のうちから一つ選べ。　　　　　　　　　　　　　　　　　　　　　　　　　　　　　34

Ⅰ　日本社会党が結成され、第1次西園寺公望内閣によって当面の存続が認められた。
Ⅱ　高野房太郎や片山潜らによって、労働組合期成会が結成された。
Ⅲ　大日本労働総同盟友愛会が中心となって、第1回メーデーが開催された。

① Ⅰ→Ⅱ→Ⅲ　　　② Ⅲ→Ⅱ→Ⅰ　　　③ Ⅱ→Ⅰ→Ⅲ　　　④ Ⅰ→Ⅲ→Ⅱ

問8　空欄（　ウ　）にあてはまる、市川房枝らによって組織された女性団体の名称を、漢字5字で記せ。　49

問9　下線部(g)に関連して、表中の普通選挙法に関係する空欄（　エ　）・（　オ　）にあてはまる内閣・数値の組み合わせとして正しいものを、あとの①〜④のうちから一つ選べ。　35

おもな選挙法の改正

公布	実施	公布時の内閣	選挙人			
			直接国税	性別、年齢	総数	人口比
1889	1890	黒田清隆	15円以上	男性満25歳以上	45万人	1.1%
1900	1902	第2次山県有朋	10円以上	男性満25歳以上	98万人	2.2%
1919	1920	原敬	3円以上	男性満25歳以上	306万人	5.5%
1925	1928	（　エ　）	制限なし	男性満25歳以上	1240万人	（　オ　）%
1945	1946	幣原喜重郎	制限なし	男女満20歳以上	3688万人	50.4%

①　エ―田中義一　オ―10.8
②　エ―田中義一　オ―20.8
③　エ―加藤高明　オ―10.8
④　エ―加藤高明　オ―20.8

問10　下線部(h)の年の出来事について述べた文として正しいものを、次の①〜④のうちから一つ選べ。　36
①　日米相互協力および安全保障条約が締結された。
②　日米行政協定が締結された。
③　沖縄の本土復帰が実現した。
④　小笠原諸島の本土復帰が実現した。

　『高橋是清自伝』から引用した史料【A】、高橋是清の『随想録』から引用した史料【B】を読み、あとの問いに答えなさい。（引用した史料は、一部書き改めたところがある。）

【A】　私は、生まれて（(a)安政元年）から三四日もたたぬうちに、仙台藩の高橋家に里子にやられた。（中略）

　明治十八年（三十二歳）一月十六日附を以て欧米出張の辞令を受け、同二十日宮中に参内、親しく聖上陛下に拝謁仰付けられ、且つ賢所に参拝した。そして二十一日附を以て農商務省書記官に任ぜられ、同二十四日横浜出帆の船で(b)米国へ出発することとなった。（中略）

　特許制度の取調べも一通り完了したので、三月十日（明治十九年）にワシントンを引揚げ、バルチモア、フィラデルフィア、ニューヘイブン等の各地を歴訪した。（中略）

　フィラデルフィアでは、(c)教育局、美術学校等を参観した。たまたま教育局にて府立学校の監督官マッカリストル君に紹介された。氏は頻りに、児童の手工教育について論じた。（中略）

　この辺で少し日露開戦前後の事情を研究して見ることが必要であろう。明治三十三年の（　ア　）以後、露国は満州の野に大軍を駐屯せしめて、敢て撤兵の意なく、却って南下の勢いを逞しうし、その爪牙は満州より更に朝鮮にまで及んだ。

問1　下線部(a)に関連して、安政年間の出来事について述べた文として**誤っている**ものを、次の①〜④のうちから一つ選べ。　　　　　　　　　　　　　　 37

①　大老井伊直弼のもとで、一橋派の大名らが処罰された。
②　老中阿部正弘を中心に、幕政改革が進められた。
③　日米修好通商条約など、諸外国と通商に関する条約が締結された。
④　島津久光一行が、生麦付近でイギリス人を殺傷する事件をおこした。

問2　下線部(b)に関連して、近現代における、日本とアメリカが関係する出来事について述べた文として**誤っている**ものを、次の①〜④のうちから一つ選べ。　| 38 |

①　満州事変が勃発し、関東軍が溥儀を執政として満州国を建国させると、アメリカは日本の一連の行動に対して不承認宣言を発した。

②　日本軍が仏印進駐を断行した1940年代には、アメリカは日本に対し、屑鉄や鉄鋼、石油などの輸出を禁止する措置をとった。

③　アメリカ軍が北爆を開始した1950年代には、ベトナム戦争にともなうドル支払いが日本の経済成長を促進させ、岩戸景気が到来した。

④　アメリカ軍を主力とする「多国籍軍」がイラクを攻撃して湾岸戦争が勃発した1990年代に、日本ではPKO協力法が成立した。

問3　下線部(c)に関連して、近代の教育・美術について述べた次のI〜Ⅲの文を読み、年代が古い順に正しく配列したものを、あとの①〜④のうちから一つ選べ。　| 39 |

I　アメリカ人フェノロサは、日本美術を高く評価し、岡倉天心と協力して日本画の復興につとめた。

Ⅱ　アメリカ教育使節団が来日し、その勧告を受けて教育基本法が制定され、民主教育の理念が示された。

Ⅲ　第1回文展が開催され、文展は伝統美術と西洋美術の発表の場としての役割を果たすようになった。

①　I→Ⅱ→Ⅲ　　　②　Ⅲ→Ⅱ→I　　　③　Ⅱ→I→Ⅲ　　　④　I→Ⅲ→Ⅱ

問4　空欄（　ア　）にあてはまる語句を、漢字4字で記せ。　| 50 |

【B】　私は元来健康の上から、総理どころか（　イ　）もやめたいと思い、原にしばしばやめ
させてくれといったことがあった。それ所ではない、原が内閣を組織する時、私に（　イ　）
として入閣を勧めたが、当時私は脚気と胃腸が悪くて健康上果して劇職に堪えうるかどうかを
心配して医者に診てもらったくらいだ。医者があまり無理をしなければよかろうというので
やっと入閣したわけだ。そんなわけで、私が総理に推された時にも断ろうとしたが、丁度
（　ウ　）が開かれるので、一日も早く後継内閣をきめねばならぬ。（中略）
　　この三人の会議で私は「(d)原から寺内内閣の引継として尨大な国防計画があることを聴いた。
国防も忽せにしてならぬことは勿論だが、又同時に国力も考えねばならぬ」と当時の財政状態
を説明し、国力に副うような計画を立てねばならぬといって陸海軍大臣の考慮を促した。（中
略）
　　あの時で自分は政界を隠退した積りだったのだ。ところが若槻内閣が（　エ　）で倒れ田中
に大命が降ると田中はその足で私のところにやって来て(e)「是非、（　イ　）になってくれ」
というのだ。私も健康がよくないので「それでは時局が収まるまで短期ならやろう」と云った
ら、田中は「それでよい」というので引受けた。ところが今度は(f)犬養が大命を拝すると、こ
れもその足で私の所に来て「井上の金解禁の後始末が重大だから、どうしてもお前（　イ　）
を引受けて一緒にやってくれ」というのだ。

問5　空欄（　イ　）・（　ウ　）にあてはまる語句の組み合わせとして正しいものを、次の①
　　〜④のうちから一つ選べ。　　　　　　　　　　　　　　　　　　　　　　　　　　40

①　イ―大蔵大臣　ウ―パリ講和会議　　　②　イ―大蔵大臣　ウ―ワシントン会議
③　イ―外務大臣　ウ―パリ講和会議　　　④　イ―外務大臣　ウ―ワシントン会議

問6　下線部(d)に関連して、寺内正毅内閣時、原敬内閣時のそれぞれの政策・出来事の組み合
　　わせとして正しいものを、次の①〜④のうちから一つ選べ。　　　　　　　　　　41

①　寺内正毅内閣―西原借款の実施　　　　　原敬内閣―大学令の公布
②　寺内正毅内閣―西原借款の実施　　　　　原敬内閣―帝国大学令の公布
③　寺内正毅内閣―二十一カ条の要求の提示　原敬内閣―大学令の公布
④　寺内正毅内閣―二十一カ条の要求の提示　原敬内閣―帝国大学令の公布

問7　空欄（　エ　）にあてはまる語句として正しいものを、次の①〜④のうちから一つ選べ。
　　　　　　　　　　　　　　　　　　　　　　　　　　　　　　　　　　　　　　　42

①　震災恐慌　　②　昭和恐慌　　③　金融恐慌　　④　戦後恐慌

問8　下線部(e)に関連して、高橋是清が田中義一内閣の大臣として、空欄（　エ　）の収束を
　　はかって実施した政策として正しいものを、次の①〜④のうちから一つ選べ。　　43

①　産業合理化の推進　　　②　傾斜生産方式の採用
③　モラトリアムの実施　　④　金融緊急措置令の発令

問9　下線部(f)の「犬養」は犬養毅を指しており、首相犬養毅は五・一五事件で殺害されたが、その長男の犬養健は占領期の政界で活躍した。これに関連して、占領期の政治について述べた文として**誤っているもの**を、次の①～④のうちから一つ選べ。　44

①　徳田球一らを中心に、日本共産党が合法政党として活動を開始した。

②　かつて立憲政友会に所属していた議員を中心に、日本自由党が結成された。

③　日本社会党の委員長片山哲を首相とする、民主党・国民協同党との連立内閣が成立した。

④　造船疑獄事件により第5次吉田茂内閣への批判が強まるなか、日本民主党が結成された。

問10　史料【A】・【B】の筆者である高橋是清らが殺害された二・二六事件は、陸軍の青年将校らによって引きおこされた。荒木貞夫や真崎甚三郎らを首領とする、この青年将校らの派閥の名称として正しいものを、次の①～④のうちから一つ選べ。　45

①　労農派　　　②　講座派　　　③　皇道派　　　④　統制派

歴史能力検定　第41回（2022年）
2級—日本史　解答・解説

1—③	2—④	3—②	4—①	5—②
6—①	7—②	8—②	9—④	10—①
11—③	12—②	13—②	14—①	15—④
16—③	17—②	18—①	19—③	20—①
21—④	22—③	23—②	24—③	25—②
26—②	27—④	28—③	29—③	30—④
31—①	32—③	33—③	34—③	35—③
36—③	37—④	38—③	39—④	40—②
41—①	42—④	43—③	44—④	45—③

46—土偶　　　　　47—元亨釈書　　　　48—大日本沿海輿地全図

49—新婦人協会　　50—北清事変

1

46. 縄文時代につくられた土偶にはハート形土偶や遮光器土偶などさまざまな種類があるが、女性をかたどったものが多く、生殖や豊かな収穫などを祈る呪術に用いられたとされている。

1. ③は福岡県の志賀島。『後漢書』東夷伝には、建武中元2（57）年に、奴国王が光武帝に朝貢して印綬を賜ったことなどが記されている。1784年に志賀島で発見された金印には「漢委奴国王」とあり、奴国の王が光武帝から授かった印は、この金印だと考えられている。①は隠岐、②は対馬、④は種子島を示す。

2. ④朝鮮半島から伝わった技術によって生産されたのは須恵器。古墳時代には、弥生土器の系譜を引く土師器とともに須恵器が使用された。

3. Ⅲ「百済からの亡命貴族の指導下で、九州地方に水城や大野城が築かれた」のは7世紀。663年の白村江の戦いでの敗戦の後、倭では防衛対策が強化された。Ⅱ「墾田永年私財法」が出されたのは8世紀。墾田永年私財法の制定を背景に、東大寺領の道守荘などが北陸地方に形成された。Ⅰ平忠常が反乱をおこしたのは11世紀。

4. ②飛鳥浄御原令は天武天皇のもとで作成が開始され、持統天皇のもとで完成・施行された。③八色の姓を定めたのは天武天皇。④持統天皇は、藤原京遷都を断行した。

5. 右大臣の②蘇我倉山田石川麻呂、内臣の③中臣鎌足、国博士の④高向玄理や旻によって進められた。

6. 四国地方を中心とする地域は①の南海道。紀伊・淡路のほか、四国の阿波・讃岐・伊予・土佐が南海道とされた。

7. ②聖武天皇によって出された大仏造立の詔。①元正天皇のもとで出された三世一身法。③孝徳天皇によって出された改新の詔。④推古天皇のもとで出された憲法十七条。

8. ②淳仁天皇のもとでは、天皇から恵美押勝の名を賜った藤原仲麻呂が権勢をふるったが、孝謙太上天皇と道鏡の接近、孝謙太上天皇と淳仁天皇の対立のなかで、仲麻呂は政治的影響力を弱めていった。764年、仲麻呂は挙兵して勢力挽回をはかったものの敗死した（恵美押勝の乱）。淳仁天皇は廃されて淡路に配流され、孝謙太上天皇が重祚（再即位）して称徳天皇になった。

9. ①『十六夜日記』は阿仏尼、②『土佐日記』は紀貫之、③『更級日記』は菅原孝標の女が残した。

2

10. ①平清盛らのもとで修築された大輪田泊は現在の神戸港の一部。②は堺、③は屋島、④は下関を示す。

47. 『元亨釈書』は、臨済僧虎関師錬が著した仏教史書。元から来日した臨済僧一山一寧に日本仏教についての無知を指摘され、これに発憤してまとめられた。1322年成立。

11. Ⅱ『禁秘抄』が著されたのは鎌倉時代。Ⅰ『応安新式』が制定されたのは南北朝時代。Ⅲ一条兼良が『花鳥余情』を著したのは室町時代。

12. ②記録所は、文書調査のために朝廷のもとで設置された機関。建武の新政で設置された記録所がよく知られている。

13. ①「守護に対して一国内の荘園や公領の年貢の半分を徴発する権限を認めた」のは室町幕府。半済令の内容を説明したもの。③備中鍬が普及したのは江戸時代。④三毛作は、室町時代において、畿内でみられるようになった。干鰯などの金肥が利用されるようになったのは江戸時代。

14. ②引付衆がおかれたのは1249年。③同朋衆は室町時代以降、将軍に仕え、雑事や諸芸能に従事した人びとのこと。④奉公衆は室町時代における将軍直属の軍事力。

15. 分割相続のくり返しによる所領の細分化は御家人を窮乏させる一因となった。御家人救済を目的として、北条貞時によって永仁の徳政令が出された。

16. ①後醍醐天皇は鎌倉幕府の滅亡後に建武の新政を推進した。建武政権に反旗を翻して入京した足利尊氏によって、光明天皇が擁立された。②亀山天皇を祖とする大覚寺統の天皇である。④後醍醐天皇が1339年に死去した後、1392年に南北朝の合体が実現した。

17. 室町幕府が衰退するなかで、日明貿易は堺商人と結んだ細川氏、博多商人と結んだ大内氏が担うようになった。

18. ②大山崎油座の本所は石清水八幡宮。③越後屋呉服店は江戸時代の1673年、江戸に開かれた。④十組問屋や二十四組問屋が結成されたのは江戸時代。

3

19. ①徳川吉宗は紀伊藩の藩主であった。将軍在職期間は、1716年から1745年。②徳川吉宗ではなく徳川綱吉を説明した文。④収穫に応じて年貢率を定めるのは検見法。定免法は豊凶に関係なく税率を一定にする方法。

20. ①九十九里浜では鰯漁が盛んで、加工されて干鰯として出荷され、金肥の一つとして広く普及した。②③鯨や鰹は土佐、④鰊は蝦夷地などがおもな漁獲地であった。

21. ①貝原益軒の『大和本草』、稲生若水の『庶物類纂』が正しい。②寛政暦ではなく貞享暦が正しい。③吉田光由が『塵劫記』を、関孝和が『発微算法』を著した。

22. ③野田は銚子とともに、下総の醤油の産地。

23. 18世紀後半に政治を主導したのは田沼意次。新井白石は18世紀前半に正徳の政治を推進した。18世紀後半に天明の飢饉、19世紀前半に天保の飢饉が発生した。

24. ③荻生徂徠は享保の改革で登用された。

25. Ⅲラクスマンが根室に来航したのは1792年。Ⅱ近藤重蔵・最上徳内らに択捉島を探査させ、「大日本恵登呂府」の標柱を立てさせたのは1798年。Ⅰ全蝦夷地を松前奉行の支配のもとにおいたのは1807年。

26. ②支倉常長らの使節は慶長遣欧使節と呼ばれる。

48. 「伊能図」とは大日本沿海輿地全図のこと。

27. ①問題文で説明されているのは1828年のシーボルト事件。（国外追放は1829年。）

4

28. ③大阪会議には板垣退助が参加した。江藤新平は前年の1874年に佐賀の乱をおこし、処刑されていた。

29. ③民友社を設立して『国民之友』を刊行したのは徳富蘇峰。三宅雪嶺らは政教社を設立して『日本人』を刊行した。

30. ①は中村正直、②は福沢諭吉、③は加藤弘之。

31. ①大成会は第一議会において、300議席中79議席を確保していた。②革新倶楽部は1922年に結成された。③立憲改進党は第一議会開催時の民党。④立憲帝政党は1882年に結成され、翌年解党した。

32. 井上馨の欧化政策は②鹿鳴館外交とも呼ばれる。

33. 元老院は立法機関。枢密院は憲法草案を審議するために、1888年に設置された。大同団結運動は1886年から1889年にかけて展開した。地方改良運動は日露戦争後の運動。

34. Ⅱ労働組合期成会の結成（1897年）→Ⅰ日本社会党の結成（1906年）→Ⅲ第1回メーデー開催（1920年）。

49. 新婦人協会は市川房枝らによって、1920年に結成された。

35. 加藤高明内閣時に成立した普通選挙法によって、選挙人の人口比は20.8%となった。

36. ①は1960年、③は1972年、④は1968年。

5

37. ④1862年の文久の改革を幕府に実行させた島津久光らがおこした、文久年間の生麦事件を説明したもの。

38. ③アメリカ軍が北爆を開始したのは1960年代。ベトナム戦争の影響を受けた好景気はいざなぎ景気。

39. Ⅰフェノロサは1880年代に日本画の復興につとめた後、1890年に帰国した。Ⅲ第1回文展は1907年に開催された。Ⅱ教育基本法が制定されたのは1947年。

50. 1900（明治33）年の北清事変は日露戦争の遠因となった。

40. 高橋是清は歴代の内閣の大蔵大臣をつとめた。原敬内閣時に派遣が決定していたのはワシントン会議。高橋是清内閣時の1921年からワシントン会議が開催された。パリ講和会議は原内閣時の1919年に開催された。

41. 西原借款は寺内正毅内閣時の1917年、二十一カ条の要求は第2次大隈重信内閣時の1915年。大学令の公布は原内閣時の1918年。小学校令などとともに学校令と総称される帝国大学令は、第1次伊藤博文内閣時の1886年に公布された。

42. 第1次若槻礼次郎内閣時の1927年に、③金融恐慌が発生した。①震災恐慌は1923年、②昭和恐慌は1930年、④戦後恐慌は1920年に発生した。

43. ③高橋是清蔵相は3週間のモラトリアム、日本銀行からの巨額の救済融資によって金融恐慌を収束させた。

44. ①占領期とは1945年から1952年まで。一方、「造船疑獄事件」により第5次吉田茂内閣への批判が強まるなか、日本民主党が結成された」のは1954年。

45. 二・二六事件をおこした青年将校らは③皇道派。皇道派と対立していた陸軍の派閥が④統制派。①労農派と②講座派は、ともにマルクス主義の経済学者の一派で、両派は昭和戦前期に日本資本主義論争を展開した。

2022年11月

歴史能力検定　第41回

1級—世界史

――受験上の注意点――

1. 試験監督者の試験開始の指示があるまで、問題用紙は開かないでください。
2. 試験開始前に、解答用紙に必要事項を記入し、誤りがないか確認してください。
3. 問題文は14ページまでありますので、落丁がないか、最初に確認してください。
4. 解答用紙の受験番号欄には、必ず受験番号（10桁）をマークしてください。
   ※受験番号が正しくマークされていない場合は採点されません。
5. 問題文には、各冒頭部分に問番号（**問1**、**問2**……）がついていますが、これとは別に、文末部分に四角で囲った番号がそれぞれついています（ 1 、 2 、 3 ……）。この四角で囲った番号に対応する解答欄に、解答をマークしてください。
   　なお、問番号と、四角で囲った番号とは、必ずしも一致しませんので、ご注意ください。
6. 問題は 1 ～ 20 が正解肢を選ぶ問題、 21 ～ 30 が記述問題となっています。
   　なお、記述問題の 21 ～ 30 は、正解肢を選ぶ問題の 1 ～ 20 の間に、割り込むように配置されています。必ずしも通し番号順に問題が並んでいませんので、ご注意ください。
7. 1 ～ 20 の正解肢を選ぶ問題には、正解肢が必ず1つあります。正解肢のない問題も、2つ以上正解肢のある問題もありません。正解と考える肢1つを選択し、該当番号をマークしてください。
   　マークの仕方や消し方が悪いと採点されませんので、次の事項に十分注意してください。
   イ．記入はHB以上の鉛筆またはシャープペンシルを使用し、はっきりとわかるようにすること（サインペン・万年筆・ボールペンは不可）
   ロ．訂正は消しゴムで跡が残らないように完全に消すこと
   ハ．所定の場所以外に文字等を記入しないこと
   ニ．解答用紙を折り曲げたり汚したりしないこと
8. 21 ～ 30 の記述・論述問題の解答は、解答欄右側の「記述・論述（1級）」に書いてください。
9. 記述問題で人名・事件名などを答える場合は、教科書や新聞などで一般的に使用されている名前を使用してください。
10. 試験時間中は、出題問題についての質問は受け付けません。
11. 試験時間は50分です。
12. 試験時間中に、トイレを使用する等でやむをえず席を立つ場合には、試験監督者の許可を受けた上で、隣の人の迷惑にならないよう静かに移動してください。
13. 試験時間中の喫煙・飲食等を禁止します。
14. 試験終了の合図があり次第、筆記用具をおき、試験監督者の合図があるまでは席を立たないでください。なお、質問、トイレのための退席等、理由の如何を問わず、試験時間は延長しません。
15. 不正行為をした場合、答案は無効となります。

問題文の国名・人名・事件名などの表記は高等学校の教科書による。

歴史能力検定協会

1

国際平和機構の歴史に関する次の文章を読み、あとの問いに答えなさい。

　国際平和機構を設立し、国家間の戦争を回避しようとする考えは、スペイン継承戦争のユトレヒト講和会議に参加して、『永久平和論』を著した（　ア　）や、ドイツ観念論を確立したカントが主張しているようにヨーロッパでは古くから存在した。しかし、本格的な国際平和機構が実際に設立されたのは、全世界で1000万人以上の犠牲者を出した第一次世界大戦の終結まで待たなければならなかった。第一次世界大戦時のアメリカ合衆国大統領ウッドロー＝ウィルソンは、戦場での悲惨な状況を鑑み、1918年に戦争終結の原則として、(a)十四カ条の平和原則を発表した。この十四カ条の平和原則の第14条で国際平和機構の設立を宣言している。第一次世界大戦後の1919年に開かれたパリ講和会議では、この十四カ条を基本原則として会議は進行し、イギリスや(b)第三共和政期のフランスの抵抗により十四カ条の多くの部分が骨抜きになったものの、ヴェルサイユ条約やほかの講和条約の第1編に国際連盟規約が記載され、世界初の国際平和機構である国際連盟（League of Nations）は実現した。国際連盟は、スイスのジュネーヴに本部をおき、1920年に発足したが、アメリカ合衆国は、共和党が多数を占めた上院がヴェルサイユ条約批准を拒否したため、国際連盟に参加できなかった。提案者のアメリカ合衆国の不在は、国際連盟の力を弱めることとなったが、ともかく発足した国際連盟は、イギリス・フランス・イタリア・日本を常任理事国とし、1926年にはドイツも常任理事国として国際連盟に加盟した。国際連盟は、1920年代には、(c)ポーランドとドイツとの上（　イ　）の帰属、ドイツとリトアニアとの（　ウ　）の帰属などをめぐる争いの仲介をおこない、ある程度の成功をおさめた。また、(d)ロシア革命によって亡命したため、(e)無国籍となったロシア人の難民などに国際連盟がパスポートを発行して救済するなど一定の役割を果たした。しかし、1933年には常任理事国であった日本やドイツが脱退するなどしたため国際紛争を停止する力を失い、第二次世界大戦の勃発を防ぐことはできなかった。このことを反省してアメリカ合衆国大統領(f)フランクリン＝ローズヴェルトは、第二次世界大戦中の1941年に大西洋憲章を発して、アメリカ合衆国を中心とした国際平和機構の再建に乗り出した。フランクリン＝ローズヴェルトの死後に開催されたサンフランシスコ会議で国際連合憲章が採択され、1945年10月に国際連合（United Nations）が正式に発足した。国際連合は、侵略行為をする国家に対して国連軍を派遣して軍事制裁を実行できたが、国連軍派遣を決める安全保障理事会の常任理事国に拒否権を認めたため、必ずしもうまく機能しなかった。そもそも国際連合は、第二次世界大戦の戦勝国中心の国際組織であり、(g)国連憲章には、常任理事国の拒否権以外にもさまざまな問題のある条項が残り、その条項は現在も改善されていない。国際連合の専門機関で、天然痘の撲滅に成功した世界保健機関（WHO）など有益な国際組織はあるものの、国際連合の未来は決して明

るいとはいえない。

問1 空欄（ **ア** ）にあてはまる人物の名前を記せ。 <u>21</u>

問2 下線部(a)に関連して、次の史料は、十四カ条の平和原則の第10条と第13条である。史料中の空欄（ **エ** ）・（ **オ** ）にあてはまる語句の組み合わせとして正しいものを、あとの①〜④のうちから一つ選べ。 <u>1</u>

第10条　我々は、オーストリア＝（　**エ**　）国民の諸国間における地位が保護され、確保されることを望む。彼らには自治的発展のために最も自由な機会が与えられるべきである。

第13条　明白に（　**オ**　）人の居住する領土を含む、独立した（　**オ**　）国家が樹立されるべきである。彼らは海への自由で安全な交通路を保証され、政治的および経済的な独立と領土保全が国際規約によって保証されるべきである。

---

①　**エ**—ハンガリー　**オ**—ポーランド　　②　**エ**—ハンガリー　**オ**—ポルトガル
③　**エ**—ルーマニア　**オ**—ポーランド　　④　**エ**—ルーマニア　**オ**—ポルトガル

問3 下線部(b)に関連して、フランス第三共和政の時期の出来事について述べた文として正しいものを、次の①〜④のうちから一つ選べ。 <u>2</u>

①　第三共和政は、1875年に第三共和国憲法が制定されて正式に発足したが、王党派の勢力が強く、憲法制定時の大統領であったティエールも王党派であった。

②　1892年に発覚したパナマ運河会社疑獄事件により国民の政治不信と反ユダヤ感情が高まり、元陸相のブーランジェ将軍によるクーデタ未遂事件がおきた。

③　急進社会党のクレマンソーは、パリ講和会議のフランスの代表となり、また講和会議の議長として会議を主導して、ドイツに対して多額の賠償金を請求することに成功した。

④　第二次世界大戦が勃発すると、フランスはドイツのマジノ線を突破して積極的な攻勢にでたが、戦車を主力とするドイツ軍にクルスクの戦いで敗れ、降伏した。

問4　下線部(c)に関連して、空欄（　イ　）・（　ウ　）にあてはまる地名と、そのおおよその位置を示す次の地図中のa〜cの組み合わせとして正しいものを、あとの①〜④のうちから一つ選べ。　　　　3

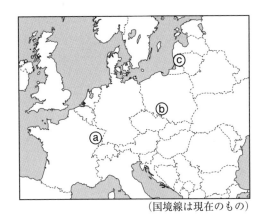

（国境線は現在のもの）

① イ―シュレジエン―――a　ウ―メーメル―――b
② イ―シュレジエン―――b　ウ―メーメル―――c
③ イ―メーメル―――a　ウ―アルザス―――c
④ イ―アルザス―――a　ウ―シュレジエン―――b

問5　下線部(d)に関連して、三月革命（ロシア暦では二月革命）から十一月革命（ロシア暦では十月革命）にいたる過程を、政権の推移を中心に80字以内で説明せよ。　　　　22

問6　下線部(e)に関連して、国連パスポートを所持していた人物にセルゲイ＝ラフマニノフやマルク＝シャガールがいる。この二人の人物について述べた次の文章を読み、空欄（　カ　）・（　キ　）にあてはまる語句の組み合わせとして正しいものを、あとの①〜④のうちから一つ選べ。　　　　4

　ロシアの作曲家・ピアニストであるセルゲイ＝ラフマニノフは、現在のロシアのノヴゴロド州で生まれた。ノヴゴロドは、ロンドン、ブリュージュ、（　カ　）と並ぶハンザ同盟の四大在外商館がおかれた商業が活発な都市であった。一方、フランスで活躍した画家のマルク＝シャガールは、ロシア出身といわれるが、現在ではロシアではなくミンスクを首都とする（　キ　）出身となる。

① カ―ベルリン　キ―アルメニア　　② カ―ベルリン　キ―ベラルーシ
③ カ―ベルゲン　キ―アルメニア　　④ カ―ベルゲン　キ―ベラルーシ

問7　次の史料は、下線部(f)の人物が1941年1月の一般教書演説で表明した宣言で、
「（　X　）」演説と呼ばれている。（　X　）にあてはまる語句を5字で記せ。　　23

　　　第77回連邦議会の皆さん。私は、合衆国の歴史で前例のない時期に演説をしている。「前
例のない」という言葉を使うのは、米国の安全保障が今日ほど外部からの重大な脅威にさら
されたことはこれまでになかったからである。国として、我々は慈愛深い国民であることを
誇りにしてもよいだろう。しかし、我々には慈愛深くある余裕はない。国内問題に関する我
が国の政策が、我々の門戸の内にいるすべての人びとの権利と尊厳に対する適切な敬意に基
づいているのと全く同じように、国際問題に関する我が国の政策は、大小を問わず、すべて
の国の権利と尊厳に対する適切な敬意に基づいている。そして道義的正義は、最後には勝た
なくてはならないし必ず勝つだろう。安全にしたいと願う将来に、我々は、世界が人類に
とって欠かすことのできない4つの自由に基づいたものになることを希求している。第1は、
世界のあらゆる場所における、言論と表現の自由である。第2は、世界のあらゆる場所にお
いて、すべての人が各自のやり方で神を信仰する自由である。第3は、欠乏からの自由であ
る。それは世界的な観点で言えば、あらゆる国がその住民のために健康で平和的な生活を保
障するような経済上の了解を意味する。第4は、恐怖からの自由である。それは世界的な観
点で言えば、いかなる国も隣国に対して物理的な侵略行為を犯すことがないような形で、世
界中の軍備を削減することを意味する。これは、遠く千年も先の展望ではない。我々の世代
において実現可能な世界の明確な基盤である。そうした世界は、独裁者たちが爆弾の衝撃に
よってつくりあげようとしている、いわゆる専政的な新秩序とはまさに対極なものである。

問8　下線部(g)に関連して、次の史料は、国連憲章第53条である。この条文にある「敵国」に
あてはまる国の組み合わせとして正しいものを、あとの①〜④のうちから一つ選べ。

　　5

1．安全保障理事会は、適切な場合には、その権威のもとにおける強制行動のために、前記
　の地域的取極、または地域的機関を利用する。ただし、安全保障理事会の許可がなければ、
　いかなる強制行動も地域的取極や地域的機関によって起こされてはならない。ただし、本
　条2項に定める敵国のいずれかに対する措置で、第107条に従って規定されるもの、また
　はこの敵国における侵略的政策の再現に備える地域的取極において規定されるものは、関
　係政府の要請に基づいてこの機構がその敵国による新たな侵略を防止する責任を負うとき
　まで例外とする。
2．本条1項で使用している敵国という語は、第二次世界大戦中にこの憲章のいずれかの署
　名国の敵国であった国に適用される。

①　フィンランド、ドイツ、日本、イタリア、トルコ、ルーマニア
②　スウェーデン、ドイツ、日本、イタリア、ブルガリア、チェコスロヴァキア
③　朝鮮民主主義人民共和国、イラン、リビア、イラク、ドイツ、日本
④　ドイツ、日本、イタリア、フィンランド、ルーマニア、ブルガリア

　同じ学ぶ行為であっても重視される学ぶべき内容は、時代や地域によってさまざまである。学問に関する【A】〜【C】の文章を読み、あとの問いに答えなさい。

【A】　現在の日本と異なり、中世ヨーロッパの学問の世界では、神学を学ぶことが最優先であった。数多くの(a)ローマ教皇をおくり出したパリ大学で神学を正式に学ぶためには、(b)リベラル＝アーツを学ぶ人文学部を修了する必要があった。この人文学部を修了し、試験に合格すると学士（バカラリウス）となり、さらに、一定期間実際の教育などに携わり、修士（マギステル）になると教授資格を得ることができた。教授資格を得たものは、人文学部で教師となるものとさらなる上の学部である神学部などの学生になるものに分かれた。神学部などでは古典の講読や討論形式の授業がおこなわれたが、(c)スコラ学（スコラ哲学）を大成した神学部教授トマス＝アクィナスは、討論形式の授業を好んだ。

問1　下線部(a)に関連して、パリ大学で神学を学び、1198年に教皇に就任した人物が、1202年に提唱した十字軍について、提唱した教皇名を記し、80字以内で説明せよ。 ☐24

問2　下線部(b)について述べた文として正しいものを、次の①〜④のうちから一つ選べ。 ☐6

　① 文法・修辞学・弁証法（論理学）・算術・体育・天文学・音楽の七科のことである。
　② 文法・算術・弁証法（論理学）・修辞学・天文学・幾何学・体育の七科のことである。
　③ 幾何学・馬術・弁証法（論理学）・算術・修辞学・天文学・文法の七科のことである。
　④ 文法・修辞学・弁証法（論理学）・算術・幾何学・天文学・音楽の七科のことである。

問3　下線部(c)に関連して、11〜14世紀にかけて活躍したスコラ学者について述べた文として正しいものを、次の①〜④のうちから一つ選べ。 ☐7
　① 「スコラ学の父」と呼ばれるカンタベリ大司教のアンセルムスは、「知らんがために我信ず」の言葉を残し、実在論を主張した。
　② イスラーム世界でアヴィケンナの名で知られるアベラールは、普遍は、単なる個別の存在につけられた名前に過ぎないとする唯名論の立場をとった。
　③ スコットランド出身のドゥンス＝スコトゥスは、神を愛する自由意志を重視し、その思想は弟子のフランシス＝ベーコンに受けつがれた。
　④ ドミニコ修道会士であったスペイン生まれのトマス＝アクィナスは、『神学大全』を著して信仰と理性の分離を説き、近代哲学への道をひらいた。

【B】　イスラーム教が成立し、(d)イスラーム世界となった地域では、聖典『コーラン（クルアーン）』や、ムハンマド（マホメット）の言行（アラビア語でスンナ）の伝承（アラビア語で（　ア　））にもとづく「固有の学問」と呼ばれる学問が重要視された。「固有の学問」としては、神学、法学、詩学や歴史学などがある。一方、9世紀のアッバース朝のカリフであるマームーンがバグダードに建てた「知恵の館」（アラビア語でバイト＝アルヒクマ）で、アリストテレスなどのギリシア語文献が大量にアラビア語に翻訳され、非アラブ世界をその起源とする哲学・医学などの「外来の学問」の発達がうながされた。また、マドラサというイスラーム教の教義などを学習・研究する学院が各地でつくられ、カイロに建設されたアズハル学院は、代表的マドラサである。マドラサで学ぶ学生達は、「固有の学問」のほか、「外来の学問」を同時に学ぶことも少なくなかった。

問4　下線部(d)に関連して、次のA～Fのイスラーム王朝の成立年を古い順に正しく配列したものを、あとの①～④のうちから一つ選べ。　　　　　　　　　8

　A　ファーティマ朝
　B　トゥールーン朝
　C　ブワイフ朝
　D　後ウマイヤ朝
　E　マムルーク朝
　F　ロディー朝

　①　C→B→A→D→E→F
　②　B→D→C→A→F→E
　③　D→B→A→C→E→F
　④　D→B→C→A→F→E

問5　空欄（　ア　）にあてはまる語句を記せ。　　　　　　　　　25

【C】　東アジア世界の中心である中国では、儒学が漢代に官学化されて以降、正統の学問の地位にあった。隋代に(e)五経などの儒学の経典が試験科目となる科挙が導入されると、儒学を学ぶことが(f)上級官僚への第一歩であることが明確となった。宋代には皇帝自ら試験官となる殿試が採用され、殿試の首席合格者は「状元」と呼ばれ、栄達への道が保障された。また、宋代には従来の訓詁学的なものから仏教哲学や道教の影響を受けた(g)宋学（朱子学）が出現し、明代には陽明学、清代には考証学などが盛んとなった。一方、知識人と呼ばれる士大夫階級における儒学への過度の重視が、ほかの学問の発達を遅らせたことは否めない。

問6　下線部(e)に関連して、五経の注釈書である『五経正義』を編纂した中心的人物の名前を漢字3字で記せ。　　　　26

問7　下線部(f)に関連して、次の図は、唐代の中央官制を示した図である。図中のA～Fにあてはまる語句の組み合わせとして正しいものを、あとの①～④のうちから一つ選べ。　　9

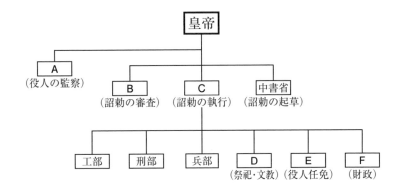

① 　A―御史台　B―門下省　C―尚書省　D―礼部　E―吏部　F―戸部
② 　A―御史台　B―尚書省　C―門下省　D―戸部　E―吏部　F―礼部
③ 　A―都察院　B―門下省　C―尚書省　D―礼部　E―吏部　F―戸部
④ 　A―都察院　B―尚書省　C―門下省　D―戸部　E―吏部　F―礼部

問8　下線部(g)に関連して、中国の儒学について述べた文として正しいものを、次の①～④のうちから一つ選べ。　　10
① 　程顥・程頤に師事した北宋の周敦頤は、『太極図説』で理気二元論を主張し、宋学を大成した。
② 　明代の王守仁（王陽明）は、元代の陸九淵（陸象山）の心即理の考えを受けつぎ、格物致知を唱えて、主知主義に陥っている朱子学を批判した。
③ 　明末清初に活躍した黄宗羲は、『明夷待訪録』のなかで皇帝の専制政治を批判し、のちに「中国のルソー」と呼ばれた。
④ 　清代には文献学的・実証学的手法を重視する考証学が発展し、銭大昕・戴震・段祺瑞など数多くの学者があらわれた。

174

資本主義に関する次の文章を読み、あとの問いに答えなさい。

　「資本主義」という言葉を現在の意味で初めて用いたのは、フランス二月革命で臨時政府に
入閣し、国立作業場を創設したルイ＝ブランといわれている。「資本主義」とは、通常、産業
革命を経た西ヨーロッパ諸国から広まったもので、原料や土地・機械を私有する資本家が、労
働者を雇用してさまざまな製品をつくり、それを売ることによって利益を得る経済システムで
ある。もちろん「資本主義」は、(a)東インド会社がアジアから香辛料を獲得して価格の差額で
利益を得る「商業資本主義」などそれ以前から存在し、(b)4000万人以上の人口があったローマ
帝国の時代にも「資本主義」はあったとする説もある。いずれにせよ19世紀以降に「資本主
義」は世界に拡大していく。社会主義者の(c)カール＝マルクスは、「資本主義」を「資本家的
生産様式」と呼んでいるが、この「資本主義」という経済システムの下では、すべてのものが
「商品」となり、労働者は自らの「商品」である「労働力」を資本家に売り、例えば、(d)綿織
物のような新たな「商品」をつくり出し、資本家はその「商品」を売って利益を得る。本来、
資本家が労働者に支払う賃金は「労働力」と「等価交換」されるはずであるが、資本家の方が
労働者より富を蓄積していく。資本家が富を蓄積していく理由として、マルクスは、「剰余価
値」という考え方を導入した。「剰余価値」とは文字通り「余り」の「価値」のことである。
労働者は、自ら受け取る賃金以上の「価値」を生み出しているが、その「剰余価値」を資本家
が独占しているために、資本家が富を増やし、逆に労働者は、「資本主義」が発展すればする
ほど、「窮乏化」すると主張した。ただし、マルクスが予言した労働者の「窮乏化」は、必ず
しもおきず、とくに第二次世界大戦後から(e)1970年代にかけては、アメリカ合衆国や西ヨー
ロッパ、日本などで労働者の生活水準は急激に上昇した。しかし、20世紀末から進展したグ
ローバル化のもと、世界各国で、(f)経済格差が広まっている。世界不平等研究所が発表した
「世界不平等レポート2022」によると富を有するトップ10％が全世界の富の76％をもち、さら
にトップ１％だけで４割近い38％の財産を保有している。逆にボトム50％、すなわち世界の半
分の人びとの富はすべて合わせても２％にすぎない。また、グローバル化が進んでいるアメリ
カ合衆国では、一人あたりの富の平均は、日本の約1.6倍あるが、アメリカ合衆国のボトム
50％の富は、日本のおよそ0.4倍しかない。アメリカ合衆国で国民の分断が進み、「(g)民主主
義」が揺らいでいるようにみえるのは、この経済格差もその原因の一つであろう。

問1　下線部(a)に関連して、次の地図中のA〜Fのうち、17世紀前半にオランダ東インド会社が拠点をおいた地点の組み合わせとして正しいものを、あとの①〜④のうちから一つ選べ。

11

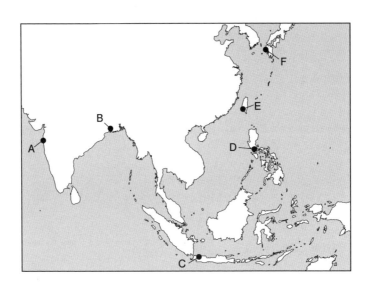

①　AとBとC　　②　BとCとD
③　BとCとE　　④　CとEとF

問2　下線部(b)に関連して、ローマ帝国では、ローマをはじめ、多くの人口を有する都市が地中海周辺にいくつも存在した。地中海周辺の都市について述べた次のⅠ・Ⅱの文を読み、正誤の組み合わせとして正しいものを、あとの①〜④のうちから一つ選べ。

12

Ⅰ　5世紀にネストリウス派を異端とした公会議が開催された都市には、ギリシアの女神アルテミスの神殿があった。
Ⅱ　8世紀に後ウマイヤ朝の都となる都市は、イベリア半島のアンダルシア地方に位置した。

①　Ⅰ—正　Ⅱ—正　　②　Ⅰ—正　Ⅱ—誤
③　Ⅰ—誤　Ⅱ—正　　④　Ⅰ—誤　Ⅱ—誤

176

問3　次の史料は、下線部(c)の人物が著した書物の巻末部分であるが、その書物の名称を漢字5字で記せ。 [27]

> プロレタリアは、自分の鎖よりほかに失うべき何ものももたない。そして彼らは、獲得すべき全世界をもっている。万国のプロレタリア団結せよ！

問4　下線部(d)に関連して、17～18世紀にイギリスに輸入されたインド産の綿織物はその積出港の名前から（　X　）と呼ばれた。（　X　）にあてはまる語句を4字で記せ。 [28]

問5　下線部(e)の時期における次のA～Eの出来事を年代が古い順に正しく配列したものを、あとの①～④のうちから一つ選べ。 [13]

A　イギリスがEC（ヨーロッパ共同体）に加盟した。
B　ニクソン大統領がドルと金の兌換を停止した。
C　沖縄が日本に返還された。
D　ソ連軍がアフガニスタンに侵攻した。
E　ベトナム社会主義共和国が成立した。

①　A→B→C→D→E
②　B→C→A→E→D
③　C→B→A→D→E
④　C→B→D→E→A

問6　下線部(f)に関連して、1810年から2010年までのイギリスの経済格差について述べた文として正しいものを、次の①～④のうちから一つ選べ。 [14]
①　グラッドストン内閣が第2回選挙法改正を実施すると経済格差は縮まる傾向となった。
②　アスキス内閣の蔵相ロイド＝ジョージが提案した人民予算が可決したことによって経済格差は縮まった。
③　第一次世界大戦や第二次世界大戦では、貴族など富裕者は戦争に従軍することなく戦争被害を避けることができたため、経済格差は拡大した。
④　イギリスの初の女性首相サッチャーは、2010年以降に経済格差是正に取り組み、格差は大きく是正された。

— 10 —

問7　下線部(g)に関連して、アテネでは古代民主政が成立した。アテネについて述べた文として誤っているものを、次の①〜④のうちから一つ選べ。　　　　　15

①　ソロンは、ドラコンの法のうち殺人に関するもの以外は廃止し、また市民を財産に応じて4等級にわけ、参政権と従軍義務を定めた。

②　ペイシストラトスは、武力でアテネの実権を握り僣主となったが、中小農民を保護するなどアテネは繁栄した。

③　テミストクレスは、多くの三段櫂船を建造してペルシアとの戦争に備え、サラミスの海戦では、フェニキア軍を主力とするペルシア海軍を破った。

④　ペリクレスは、女性にも市民権を与え、父親・母親ともアテネ市民権を有する人のみアテネ市民となることができるとした市民権法を制定した。

178

人類は、原始より自らを守るため、あるいは敵対する勢力を倒すため、さまざまな武器を発明してきた。武器について述べた以下の【A】～【E】の文章を読み、あとの問いに答えなさい。

【A】　(a)旧石器時代の木製の槍は、人類が最初期に発明した武器の一つである。旧石器時代末期には槍を遠くに飛ばす、アトラトルと呼ばれる投槍器が使用された。

【B】　中国の(b)戦国時代に弩という横倒しにした弓から矢を打ち出す武器が戦場で使用された。弩は、中世ヨーロッパのクロスボウとほぼ同じ構造をもち、速射性では通常の弓に劣るものの威力は勝り、弩を装備した兵は、(c)北方民族の騎馬兵にも対抗することができた。

【C】　17世紀の(d)三十年戦争で盛んに使用されたマスケット銃は、日本では種子島銃と呼ばれた火縄銃の一種である。日本の火縄銃は点火に「火縄」を使うが、マスケット銃は「火打石」を用いるため天候にあまり左右されなかった。ただし、マスケット銃は滑腔式であったため、命中精度が悪く、19世紀半ばには施条（ライフリング）されたミニエー銃が出現した。

【D】　歴史上もっとも人命を奪ってきた武器は、機関銃という説がある。イギリスで開発されたマキシム機関銃は、世界で初めての全自動式機関銃で、(e)アフリカの植民地化の過程において絶大な威力を発揮した。その後も軽・重機関銃などさまざまな機関銃がつくられ、戦時・平時にかかわらず、多大な犠牲者を生み出すこととなった。

【E】　(f)イラクのクウェート侵攻を原因として勃発した湾岸戦争で、多国籍軍は精密誘導兵器を大量に使用した。とくに巡航ミサイルであるトマホークは、地形を照合しながら地上50m以下を飛行するため迎撃が難しく、目標物をピンポイントで破壊した。(g)湾岸戦争後も精密誘導兵器の開発は進み、近年は自律型の無人兵器が出現している。

問1　下線部(a)の時代に猿人が使用した原始的な打製石器は、（　X　）石器と呼ばれる。（　X　）にあてはまる語句を漢字1字で記せ。　29

問2　下線部(b)に関連して、戦国時代に使用された農具を模した青銅貨幣の名称を漢字2字で記せ。　30

— *12* —

問3　下線部(c)が建てた国家・王朝について述べた文として正しいものを、次の①〜④のうちから一つ選べ。　16

① 匈奴の冒頓単于は、前漢の劉邦を白登山の戦いで破り、長安を一時占領し、さらに河西回廊の月氏を撃破した。

② 鮮卑の拓跋珪は北魏を建て、平城に都をおき、さらに太武帝は華北を統一した。

③ 柔然の支配下にあった突厥は、隋の離間策によって東西に分裂し、西突厥はササン朝と結んだエフタルによって滅ぼされた。

④ イラン系のウイグルは、モンゴル高原を支配し、黄巣の乱の際、唐王朝を支援して乱の鎮圧に貢献した。

問4　下線部(d)に関連して、三十年戦争の講和条約について述べた文として**誤っている**ものを、次の①〜④のうちから一つ選べ。　17

① ミュンスターとオスナブリュックで締結された。

② フランスは、アルザス地方とロレーヌ地方のヴェルダンなどを獲得した。

③ スウェーデンは、北海に面する西ポンメルンを獲得した。

④ スイスとオランダの独立が国際的に承認された。

問5　下線部(e)に関連して、19世紀におけるヨーロッパ諸国のアフリカ進出の過程でおこった次の**A〜E**の出来事を年代が古い順に正しく配列したものを、あとの①〜④のうちから一つ選べ。　18

A エジプトのウラービー（オラービー）運動が弾圧された。

B アドワの戦いでイタリア軍がエチオピア軍に敗北した。

C アルジェリアのアブド＝アルカーディルがフランスに降伏した。

D ベルリン会議（ベルリン＝コンゴ会議）でコンゴ自由国がベルギー国王の私領として承認された。

E イギリス軍とフランス軍が現在の南スーダンのファショダで遭遇する事件がおきた。

① A→B→C→D→E

② B→E→A→C→D

③ C→A→B→D→E

④ C→A→D→B→E

問6 下線部(f)のときのイラクの指導者の名前として正しいものを、次の①〜④のうちから一つ選べ。 19

① サダム＝フセイン　　　② ガマール＝アブドゥル＝ナセル

③ モハンマド＝モサデグ　　④ ナレンドラ＝モディ

問7 下線部(g)に関連して、湾岸戦争後の世界の出来事について述べた次のⅠ・Ⅱの文を読み、正誤の組み合わせとして正しいものを、あとの①〜④のうちから一つ選べ。 20

Ⅰ ブラジル・アルゼンチン・ウルグアイ・パラグアイの間でMERCOSUR（南米南部共同市場）が成立した。

Ⅱ 内戦後のアンゴラで大統領選挙が実施され、アフリカ初の女性大統領としてジョンソン＝サーリーフが就任した。

① Ⅰ─正　Ⅱ─正　　　② Ⅰ─正　Ⅱ─誤

③ Ⅰ─誤　Ⅱ─正　　　④ Ⅰ─誤　Ⅱ─誤

歴史能力検定 第41回（2022年）
1級—世界史 解答・解説

1—①	2—③	3—②	4—④	5—④
6—④	7—①	8—③	9—①	10—③
11—④	12—①	13—②	14—②	15—④
16—②	17—①	18—④	19—①	20—②

21—サン＝ピエール

22—三月革命でロマノフ朝が崩壊し、臨時政府が結成されたが、ボリシェヴィキによる十一月革命がおき、ケレンスキーの臨時政府が打倒されてソヴィエト政権が樹立された。（77字）

23—四つの自由

24—インノケンティウス3世が提唱した第4回十字軍は、聖地に向かわず、ヴェネツィアの誘導によりビザンツ帝国の都コンスタンティノープルを占領し、ラテン帝国を建てた。（78字）

25—ハディース　　　　26—孔穎達（顔師古）

27—共産党宣言　　　　28—キャラコ（キャリコ）

29—礫　　　　　　　　30—布銭（布貨）

1

21. サン＝ピエールは、ユトレヒト講和会議に参加し、『永久平和論』を著し、国際平和機構の設立を主張した。

1. ①エにはオーストリアと同君連合を組んでいたハンガリーがあてはまる。オには第一次世界大戦後に独立が認められたポーランドがあてはまる。

2. ①第三共和制憲法制定時の大統領はティエールではなく、マクマオン。ティエールは第三共和政の初代大統領。②ブーランジェ事件は、1887〜1889年。④マジノ線はフランスの要塞線。クルスクの戦いはドイツとソ連の戦車戦。

3. aはアルザス。プロイセン＝フランス（普仏）戦争でドイツ領となり、第一次世界大戦後にフランス領に戻った。

22. 三月革命（ロシア暦では二月革命）でニコライ2世が退位してロマノフ朝が崩壊した。臨時政府が結成され、立憲民主党のリヴォフについで社会革命党のケレンスキー内閣が成立したが、レーニンのボリシェヴィキによる十一月革命（ロシア暦では十月革命）で打倒されてソヴィエト政権が樹立された。

4. ④カ：ハンザ同盟の在外四大商館の一つは、ノルウェー

のベルゲンにあった。キ：ミンスクを首都とするベラルーシは、白ロシアとも呼ばれ、ウクライナなどとともにソ連邦に結成当初から参加した。①③キ：アルメニアもザカフカースに含まれ、ソ連邦の結成に参加している。

23. フランクリン＝ローズヴェルトが表明した「四つの自由」とは、「言論と表現の自由」「信仰の自由」「欠乏からの自由」「恐怖からの自由」のこと。

5. ④国連憲章の第53条は「敵国条項」と呼ばれる。「敵国」とは第二次世界大戦の枢軸国のこと。日本・ドイツ・イタリア・フィンランドなどである。1995年に国連総会で敵国条項の削除が決議され事実上死文化しているが、実際に削除するには国連憲章の改正手続きが必要である。①トルコは連合国。②スウェーデンは中立国。③朝鮮民主主義人民共和国が成立したのは、第二次世界大戦後の1948年。パフレヴィー朝のイランは、ドイツに接近したため、第二次世界大戦中にイギリス・ソ連に占領された。イラクもドイツと結んだためイギリスが侵攻して占領した。リビアは第二次世界大戦時はイタリアの植民地。

2

24. インノケンティウス3世は、第3回十字軍が失敗したことを受け、教皇就任後に新たな十字軍を提唱した。しかし、第4回十字軍は、聖地に向かわず、ヴェネツィアの誘導によりビザンツ帝国の都コンスタンティノープルを占領し、この地にラテン帝国を建てた。

6. ④リベラル=アーツである自由七科とは，文法・修辞学・弁証法（論理学）の初級3科と算術・幾何学・天文学・音楽の上級4科からなる。

7. ②アヴィケンナとは、イブン=シーナーのラテン語名。③ドゥンス=スコトゥスは、13〜14世紀のスコラ学者。フランシス=ベーコンは、『新オルガヌム』を著し、イギリス経験論哲学の祖となった16〜17世紀の哲学者・政治家。ドゥンス=スコトゥスの弟子ではない。④トマス=アクィナスはイタリア生まれ。また、信仰と理性の分離を説いたスコラ学者は、ウィリアム=オブ=オッカム。

8. ③Dは756年、Bは868年、Aは909年、Cは932年、Eは1250年、Fは1451年に成立した。

25. ハディースは、ムハンマドの言行（スンナ）に関する伝承で、『コーラン（クルアーン）』とともにシャリーア（イスラーム法）の典拠となった。

26. 科挙のテキストになった『五経正義』（正義とは正しい解釈の意）を編纂したのは、孔穎達。顔師古も編纂に関わったと伝えられる。

9. ③④Aの都察院は、明代に設置された官吏を監察する機関。

10. ①程顥・程頤が周敦頤の影響を受けた。また、理気二元論を主張し、宋学を大成したのは朱熹（朱子）。③陸九淵は元ではなく、南宋の儒学者。格物致知を主に唱えたのは朱熹。④段祺瑞は、20世紀初頭の軍閥である安徽派を率いた軍人。

3

11. ④Cはバタヴィア（現ジャカルタ）、Eはゼーランディア城（台南市）、Fは平戸。Aはイギリスの拠点ボンベイ（現ムンバイ）。Bもイギリスの拠点カルカッタ（現コルカタ）。Dはスペインの拠点マニラ。

12. ①Ⅰ：431年にネストリウス派を異端とした公会議が開催された都市はエフェソスで、この都市にはギリシアの女神アルテミスの神殿があった。エフェソスはアナトリアに位置する都市。Ⅱ：8世紀に後ウマイヤ朝の都となった都市はコルドバ。コルドバは、イベリア半島南部のアンダルシア地方に位置し、さまざまなイスラーム建築が残っている。

27. 「万国のプロレタリア団結せよ！」は、1848年にマルクスとエンゲルスが発表した『共産党宣言』の巻末の言葉。

28. インド産の綿織物は、積出港の地名カリカットから「キャラコ」と呼ばれた。

13. ②Bのニクソン大統領がドルと金の兌換を停止したのは1971年。Cの沖縄が日本に返還されたのは1972年。AのイギリスがEC（ヨーロッパ共同体）に加盟したのは1973年。Eのベトナム社会主義共和国が成立したのは1976年。Dのソ連軍がアフガニスタンに侵攻したのは1979年。

14. ②アスキス内閣の蔵相ロイド=ジョージが提案した人民予算が可決したのは1910年。この頃から経済格差は縮み始めた。①グラッドストンが実施したのは第2回選挙法改正ではなく、第3回選挙法改正。③第一次世界大戦や第二次世界大戦では、富裕者の戦争被害も大きく経済格差は縮小した。④イギリス初の女性首相サッチャーの新自由主義改革によって経済格差が拡大し始めた。また、サッチャーが首相であったのは1979〜1990年。

15. ④「女性にも市民権を与え、父親・母親ともアテネ市民権を有する人のみ」とあるが、母親は女性であり市民権がないので誤り。正しくは「アテネ市民権をもつ父の子である女性とアテネ市民権をもつ男性の間に生まれた男子」がアテネ市民となることができた。

4

29. 猿人が使用した原始的な打製石器は礫石器。礫石器は自然の石との区別が難しい。

30. 農具を模した青銅貨幣は布銭（布貨）。主に戦国期の韓・魏・趙で使用された。ほかの青銅貨幣としては、燕・斉で使用された刀銭、秦で使用された円銭（環銭）、楚で使用された蟻鼻銭がある。

16. ③匈奴の冒頓単于は、長安は占領していない。③突厥はササン朝のホスロー1世と結んでエフタルを滅ぼした。西突厥を征服したのは唐の高宗。西突厥はその後崩壊した。④イラン系ではなく、トルコ系のウイグルは、安史の乱の際、唐王朝を支援した。

17. ③西ポンメルンは北海ではなく、バルト海に面している。

18. ④Cのアルジェリアのアブド=アルカーディルがフランスのルイ=フィリップに降伏したのは1847年。Aのエジプトのウラービー（オラービー）運動がイギリスに弾圧されたのは1882年。Dのベルリン会議（ベルリン=コンゴ会議）でコンゴ自由国がベルギー国王レオポルド2世の私領として承認されたのは1885年。Bのアドワの戦いでイタリア軍がエチオピア軍に敗北したのは1896年。Eのイギリス軍とフランス軍が現在の南スーダンのファショダで遭遇する事件がおきたのは1898年。

19. ②は、エジプトの大統領で、スエズ運河国有化宣言をおこなった。③は、イランの首相でイランの石油を国有化した。④は、インドの首相。

20. ②Ⅱ：内戦後のアンゴラではなくリベリアで大統領選挙が実施され、アフリカ初の女性大統領としてジョンソン=サーリーフが就任した。

2022年11月

歴史能力検定 第41回

1級—日本史

——受験上の注意点——

1. 試験監督者の試験開始の指示があるまで、問題用紙は開かないでください。
2. 試験開始前に、解答用紙に必要事項を記入し、誤りがないか確認してください。
3. 問題文は12ページまでありますので、落丁がないか、最初に確認してください。
4. 解答用紙の受験番号欄には、必ず受験番号（10桁）をマークしてください。
   ※受験番号が正しくマークされていない場合は採点されません。
5. 問題文には、各冒頭部分に問番号（**問1**、**問2**……）がついていますが、これとは別に、文末部分に四角で囲った番号がそれぞれついています（ 1 、 2 、 3 ……）。この四角で囲った番号に対応する解答欄に、解答をマークしてください。
   なお、問番号と、四角で囲った番号とは、必ずしも一致しませんので、ご注意ください。
6. 問題は 1 ～ 20 が正解肢を選ぶ問題、 21 ～ 30 が記述問題となっています。
   なお、記述問題の 21 ～ 30 は、正解肢を選ぶ問題の 1 ～ 20 の間に、割り込むように配置されています。必ずしも通し番号順に問題が並んでいませんので、ご注意ください。
7. 1 ～ 20 の正解肢を選ぶ問題には、正解肢が必ず1つあります。正解肢のない問題も、2つ以上正解肢のある問題もありません。正解と考える肢1つを選択し、該当番号をマークしてください。
   マークの仕方や消し方が悪いと採点されませんので、次の事項に十分注意してください。
   イ．記入はHB以上の鉛筆またはシャープペンシルを使用し、はっきりとわかるようにすること（サインペン・万年筆・ボールペンは不可）
   ロ．訂正は消しゴムで跡が残らないように完全に消すこと
   ハ．所定の場所以外に文字等を記入しないこと
   ニ．解答用紙を折り曲げたり汚したりしないこと
8. 21 ～ 30 の記述・論述問題の解答は、解答欄右側の「記述・論述（1級）」に書いてください。
9. 記述問題で人名・事件名などを答える場合は、教科書や新聞などで一般的に使用されている名前を使用してください。
10. 試験時間中は、出題問題についての質問は受け付けません。
11. 試験時間は50分です。
12. 試験時間中に、トイレを使用する等でやむをえず席を立つ場合には、試験監督者の許可を受けた上で、隣の人の迷惑にならないよう静かに移動してください。
13. 試験時間中の喫煙・飲食等を禁止します。
14. 試験終了の合図があり次第、筆記用具をおき、試験監督者の合図があるまでは席を立たないでください。なお、質問、トイレのための退席等、理由の如何を問わず、試験時間は延長しません。
15. 不正行為をした場合、答案は無効となります。

問題文の国名・人名・事件名などの表記は高等学校の教科書による。

歴史能力検定協会

原始・古代の絵画に関する次の文章を読み、あとの問いに答えなさい。（引用した史料は、一部書き改めたところがある。）

　日本列島で確認されている旧石器や沖縄県石垣市で発見された（　ア　）洞穴人などの化石人骨は、いずれも後期旧石器時代のものと考えられている。この時期のものとされている岩手県西和賀町の峠山牧場Ⅰ遺跡から出土した石板の上部に線刻された「人物図」は、現在のところ、日本で最古の絵画とする見解もある。

　かつて、日本美術の起点は弥生時代とする説が有力で、日本の美術史は仏教伝来以後のみを対象にすべきとする研究者も存在した。しかし近年では、(a)縄文時代に芸術性の高い土器がつくられていたこと、装飾性の強い装身具が用いられていたことなどから、日本美術史の起点を、弥生時代や仏教が伝来した古墳時代ではなく、縄文時代とみなすことが多くなっている。

　本格的な絵画といった意味では、古墳の内部に描かれた壁画が注目される。(b)石室の壁面や石棺に彩色画などを施してある装飾古墳は、九州北部のほか、茨城・福島県などで確認されている。

　(c)6世紀における仏教の受容は、日本列島に居住する人びとの精神世界を一変させ、7世紀前半を中心に最初の仏教文化である飛鳥文化が形成された。法隆寺が所蔵する「玉虫厨子」には、須弥座の左側に『施身聞偈図』、右側に『（　イ　）』が描かれており、これらは飛鳥文化期の代表的な絵画とされている。

　8世紀になると、ほぼ20年に1度の割合で(d)遣唐使が派遣され、国際都市として発展していた唐の都長安の文化などが、帰国した遣唐使らによってもたらされた。(e)律令制度が整備された奈良時代には、聖武天皇の時を中心に天平文化が形成され、その美術品には国際色豊かなものが多く含まれることで知られる。

　(f)平安時代に入ると、弘仁・貞観文化期には、唐風が好まれ、密教が盛んになったことが美術などにも影響を与えたが、国風文化期にも、美術にまた新たな動きがみられるようになった。

問1　空欄（　ア　）にあてはまる語句を、漢字6字で記せ。　　　　21

問2　下線部(a)に関連して、縄文時代から古墳時代の遺跡などから出土したものについて述べた文として正しいものを、次の①〜④のうちから一つ選べ。　　　　1

① 縄文土器のうち、亀ヶ岡式土器は草創期に、隆起線文土器は晩期に使用されたと考えられている。

② 装身具として用いられたひすい（硬玉）は、産地の姫川流域のみで使用されていたと考えられている。

③ 九州北部からもっとも多く出土している銅鐸には、狩猟や脱穀の様子が描かれたものもある。

④ 岩戸山古墳など、九州地方の古墳からは、埴輪の発展とも考えられている石人・石馬が出土している。

問3　下線部(b)に関連して、次の壁画で知られる古墳の名称として正しいものを、あとの①〜④のうちから一つ選べ。　　　　2

① キトラ古墳　　　② チブサン古墳　　　③ 虎塚古墳　　　④ 黒塚古墳

問4　下線部(c)に関連して、6世紀における仏教受容に関する史料として**誤っているもの**を、次の①〜④のうちから一つ選べ。　　　　3

① 大唐の漢人案部村主司馬達止、此の年の春二月に入朝す。即ち草堂を大和国高市郡坂田原に結び、本尊を安置し、帰依礼拝す。世を挙げて皆云ふ、「是れ大唐の神なり」と。

② 乃ち群臣に歴問して曰く、「西蕃の献れる仏の相貌端厳し。全ら未だ曾て有ず。礼ふべきや不や」と。

③ 志癸嶋天皇の御世に、戊午の年の十月十二日に、百斉国の主明王、始めて仏の像経教弁せて僧等を度し奉る。

④ 宜しく天下諸国をして各敬みて七重塔一区を造り、幷せて金光明最勝王経・妙法蓮華経各一部を写さしむべし。

問5　空欄（　イ　）にあてはまる語句を、漢字5字で記せ。　　　　　　　22

問6　下線部(d)に関連して、遣唐使や遣唐使とともに入唐した留学生・学問僧について述べた
　　　次のⅠ～Ⅲの文を読み、年代が古い順に正しく配列したものを、あとの①～④のうちから
　　　一つ選べ。　　　　　　　　　　　　　　　　　　　　　　　　　　　　　　4

　Ⅰ　遣唐留学生として入唐した阿倍仲麻呂が、唐の皇帝玄宗に重用された。
　Ⅱ　遣唐使として入唐した粟田真人が帰国し、唐の都長安の情報などがもたらされた。
　Ⅲ　天台宗の僧で、唐に渡って帰国した円仁が、『入唐求法巡礼行記』を著した。

　①　Ⅰ→Ⅱ→Ⅲ　　　②　Ⅲ→Ⅱ→Ⅰ　　　③　Ⅱ→Ⅰ→Ⅲ　　　④　Ⅰ→Ⅲ→Ⅱ

問7　下線部(e)に関連して、律令制度や聖武天皇の時代の政治について述べた文として正しい
　　　ものを、次の①～④のうちから一つ選べ。　　　　　　　　　　　　　　　　5
　①　有位者は謀反や不孝などの罪を減免され、なかでも五位以上の貴族は、経済面などで手
　　　厚く優遇された。
　②　八省のうち、中務省は仏事や外交事務、大蔵省は民政や財政、式部省は詔書の作成を、
　　　それぞれ担った。
　③　都の労役である歳役10日をつとめるかわりに布2丈6尺をおさめる庸は、京や畿内の人
　　　びとには課されなかった。
　④　聖武天皇の時代には、口分田不足を背景に、養老七年に出された格によって、新たな土
　　　地政策が打ち出された。

問8　下線部(f)に関連して、平安時代の政治や文化について述べた文として**誤っているもの**を、
　　　次の①～④のうちから一つ選べ。　　　　　　　　　　　　　　　　　　　6
　①　9世紀には、平城太上天皇の変（薬子の変）が発生し、このときにおかれた蔵人頭に藤
　　　原冬嗣と巨勢野足が任じられた。
　②　10世紀には、安和の変が発生した後、藤原師輔の子にあたる兼通・兼家兄弟が摂政など
　　　の地位をめぐって争った。
　③　弘仁・貞観文化期には、貴族層に密教が受容されるなかで、園城寺に伝わる不動明王二
　　　童子像などの密教美術が盛んになった。
　④　国風文化期には、浄土教が民衆にまで広まるなかで、高野山聖衆来迎図をはじめとする
　　　来迎図が盛んに描かれた。

中世の京都に関する次の文章を読み、あとの問いに答えなさい。(引用した史料は、一部書き改めたところがある。)

　早い時期から右京が荒廃した平安京は、平安時代後期になると、実質的に都市機能が維持されていたのは左京のみとなった。

　藤原道長・頼通父子によって別荘が開かれ、平等院が建立されたころから、市街地が拡大する傾向が強まった。宇治は院政期に（　ア　）が拠点をおいたことから、都市として発展をとげた。また11世紀の末期には、鴨川をこえた白河の地に白河天皇が法勝寺を建立した。これを皮切りに、同地には法勝寺をはじめ、六勝寺と総称される、(a)歴代の天皇・皇族の御願寺が建立され、離宮も設けられた。

　1180年に以仁王が挙兵して(b)治承・寿永の乱が始まると、平氏は摂津国福原京に遷都した。京外に政治拠点を移すといった行為は、歴代の院にならったものともされている。

　後鳥羽上皇は摂津国水無瀬に院御所を構えたが、承久の乱に敗れたため、水無瀬が発展することはなかった。ただし、水無瀬は、後鳥羽上皇の250年目の月忌にあたる1488年1月に、連歌師の宗祇がその弟子（　イ　）・宗長と詠んで水無瀬宮に奉納した、『水無瀬三吟百韻』でよく知られている。

　13世紀後半の後嵯峨上皇の死後、皇統は持明院統と大覚寺統に分裂し、14世紀の(c)南北朝の動乱につながった。すでに鎌倉時代において、両統はそれぞれの異なる場所を拠点とするようになっていた。

　京外の嵯峨野に後嵯峨上皇が設けた御所は、亀山上皇に継承された。亀山上皇の子にあたる後宇多上皇は嵯峨野の大覚寺に院御所を構えるなど、嵯峨野は大覚寺統による院政の基盤として発展した。一方、持明院統は洛北の持明院に院御所を構えた。その近隣の土御門東洞院殿が、光厳天皇の里内裏となり、今日の京都御所の原形となった。

　(d)足利義満は、室町に花の御所を築いて政治拠点とした後、南北朝の合体などを経て、北山殿を建設した。

　足利義政の時代には、応仁の乱によって京都は荒廃するが、中世を通じて、京都は政治・文化、(e)社会経済などの拠点であり続けた。

問1　空欄（　ア　）にあてはまる、藤原忠通・頼長兄弟の父にあたる人物の名前として正しいものを、次の①～④のうちから一つ選べ。　　　　　7

①　藤原通憲　　　②　藤原忠実　　　③　藤原信頼　　　④　藤原伊周

問2　下線部(a)について述べた文として**誤っているもの**を、次の①～④のうちから一つ選べ。　　　　　8

①　尊勝寺を建立した堀河天皇は、白河天皇の譲位を受けて即位した。

②　最勝寺を建立した鳥羽天皇（上皇）は、皇女の八条院に荘園群を伝えた。

③　成勝寺を建立した崇徳天皇（上皇）は、保元の乱後に讃岐に配流された。

④　延勝寺を建立した近衛天皇は、後白河天皇の譲位を受けて即位した。

問3　下線部(b)に関連して、1180年から1185年の出来事について述べた文として正しいものを、次の①～④のうちから一つ選べ。　　　　　9

①　平重盛は、以仁王の令旨に呼応して挙兵し、東大寺や興福寺を焼打ちした。

②　干ばつなどによって寛喜の飢饉が発生し、西国を拠点とする平氏が打撃を受けた。

③　源頼朝は、自ら大軍を率いて西に赴き、一の谷の合戦で平氏軍に勝利した。

④　壇の浦の戦いの後、後白河法皇から源義経に対し、源頼朝追討の命令が出された。

問4　空欄（　イ　）にあてはまる人物の名前を、漢字2字で記せ。　　　　　23

問5　下線部(c)の南北朝の動乱の時期の史料として**誤っているもの**を、次の①～④のうちから一つ選べ。　　　　　10

①　大犯三箇条 付けたり。苅田狼藉・使節遵行 の外、所務以下に相綺ひ、地頭御家人の煩ひを成す事。

②　此たひはしめて出来れる足かるは、超過したる悪党也。其故は洛中・洛外の諸社・諸寺・五山・十刹・公家・門跡の滅亡は、かれらか所行也。

③　近江・美濃・尾張三ヶ国の本所領半分の事、兵粮料所として、当年一作、軍勢に預け置くべきの由、守護人等に相触れ訖んぬ。

④　サテモ旧都ニハ、戊寅ノ年ノ冬改元シテ、暦応トゾ云ケル。芳野ノ宮ニハ、モトノ延元ノ号ナレバ、国々モオモイオモイノ号ナリ。

問6　下線部(d)に関連して、足利義満に任命され、1379年に初代の僧録となった僧の名前を、漢字4字で記せ。　　　　　24

問7 下線部(e)に関連して、中世の社会経済について述べた次の I ～ III の文を読み、年代が古い順に正しく配列したものを、あとの①～④のうちから一つ選べ。　　　11

I　博多商人の神屋（谷）寿禎がもたらしたとされる銀の精錬技術が、石見銀山などに導入された。

II　大和の民衆によって、「カンヘ四カンカウニヲキメアルヘカラス」といった文字が、巨石に刻まれた。

III　貨幣経済が発達するなかで、『山王霊験記絵巻』に、高利貸業者や、ひもを通した銭束が描かれた。

①　I → II → III　　　②　III → II → I　　　③　II → I → III　　　④　I → III → II

福沢諭吉の著作から引用した次の史料を読み、あとの問いに答えなさい。(引用した史料は、一部書き改めたところがある。)

王室もし実の威光あらば、その復古、何ぞ必ずしも慶応の末年を待たん。早く徳川氏を倒して可なり。あるいは(a)足利の末に政権を取返すも可なり。復古の機会は必ずしも慶応の末年に限らず。然るにこの時に至て始てその業を成し、遂に廃藩の大事をも行うたるは何ぞや。王室の威光に由るにあらず、執政の英断に由るにあらず、別にその源因なかるべからず。

(b)我国の人民積年専制の暴政に窘められ、門閥を以て権力の源と為し、才智ある者といえども、門閥に藉てその才を用るにあらざれば事を為すべからず。(中略)

徳川氏の末に至ては世人漸く門閥を厭うの心を生ぜり。その人物は、あるいは(c)儒医に隠れ、あるいは著述家に隠れ、あるいは藩士の内にもあり、あるいは僧侶神官の内にもあり、何れも皆字を知て志を得ざる者なり。その徴候は、(d)天明文化の頃より世に出る著書詩集または稗史小説の中に、往々事に寄せて不平を訴うるものあるを見て知るべし。(中略)

和漢の学者流が、(e)徳川の末世に至て(f)尊王憂世の意を筆端に顕わして暗に議論の端を開たるも、多くはその人の本色にあらず、一時尊王と憂世とを名にして以て自己の不平を洩したることならん。

問1　この史料の出典の名称を、漢字6字で記せ。　　　　　　　　25

問2　下線部(a)に関連して、室町幕府の15代将軍足利義昭を京都から追放した人物について述べた次のⅠ～Ⅲの文を読み、年代が古い順に正しく配列したものを、あとの①～④のうちから一つ選べ。　　　　　　　　12

Ⅰ　美濃の斎藤竜興を破って稲葉山城に入り、城の名前を岐阜城と改めた。

Ⅱ　願証寺を中心に蜂起した伊勢長島の一向一揆と衝突し、最終的に鎮圧した。

Ⅲ　自治がおこなわれていた加賀国に柴田勝家を派遣し、加賀の一向一揆を平定した。

①　Ⅰ→Ⅱ→Ⅲ　　　②　Ⅲ→Ⅱ→Ⅰ　　　③　Ⅱ→Ⅰ→Ⅲ　　　④　Ⅰ→Ⅲ→Ⅱ

問3　下線部(b)に関連して、江戸時代の身分や人材登用について述べた文として正しいものを、次の①〜④のうちから一つ選べ。　13

① 百姓は農業のみをおこなう人びとを指し、本百姓や水呑は村政の運営に関わることのできる身分とされた。

② 苗字・帯刀を許可された武士が支配身分とされる一方、百姓や町人だけでなく、上層の僧侶や神官らも被支配身分とされた。

③ 三奉行のうち、将軍直属の寺社奉行は譜代大名から、老中支配下の勘定奉行・町奉行は旗本から選任された。

④ 役職ごとに定められた基準となる石高（役高）は江戸時代を通じて厳守され、役高に満たない禄高の者が、大目付などの重職に就任することはなかった。

問4　下線部(c)に関連して述べた文として正しいものを、次の①〜④のうちから一つ選べ。　14

① 豊後の儒医三浦梅園は、条理学といわれる自然哲学を提唱した。

② 経世家の本多利明は、『宇内混同秘策』によって、海外進出を論じた。

③ 仙台藩医の工藤平助は、朝鮮・琉球・蝦夷地3国を図示して解説した。

④ 京都伏見の神職であった賀茂真淵は、『国意考』などを著した。

問5　下線部(d)に関連して、天明年間・文化年間の政策や出来事に関する史料として正しいものを、次の①〜④のうちから一つ選べ。　15

① 二念無く、打払ひを心掛け、図を失はざる様取計ひ候処、専要の事に候条、油断無く申し付けらるべく候。

② 此の時おのれ十九歳、毀したる跡を見たるに、破りたる米俵、家の前に散乱し、米こゝかしこに山をなす。

③ 近年御府内江入込み、裏店等借請け居り候者の内ニハ、妻子等も之無く、一期住み同様のものも之有るべし。左様の類ハ早々村方ヱ呼戻し申すべき事。

④ 近来英吉利国王より支那国帝に対し兵を出して烈しく戦争せし本末ハ、我国の舶、毎年長崎に到て呈する風説書を見られて既に知り給ふべし。

問6　下線部(e)に関連して、次の史料は水戸藩主である人物が当時の将軍に提出した上申書の一部である。この人物は、どのような出来事を「内憂」、「外患」ととらえ、当時の将軍に対して何を求めたのか。この上申書の名称、「内憂」に関わる史料中の下線部の出来事の具体的名称、「外患」に関わる1837年の事件名をあげながら、80字以内で記せ。　　26

当時太平の御世にハ御座候ヘ共、人の身にたとへ候得ば、甚不養生にて種々さまざまの病症きざし居候間、……大筋ハ内憂と外患との二つに御座候。内憂は海内の憂にて、外患ハ海外の患に御座候。……近年<u>参州・甲州の百姓一揆徒党を結び、又ハ大坂の奸賊容易ならざる企</u>仕り、猶当年も佐渡の一揆御座候ハ、畢竟下々にて上を怨み候と、上を恐れざるより起り申候。

問7　下線部(f)に関連して、尊王攘夷の考え方が示されていることで知られる、藤田東湖の著書の名称を、漢字6字で記せ。　　27

近現代の通貨体制に関する次の文章を読み、あとの問いに答えなさい。

　ペリーやハリスの来航を経て、(a)日米修好通商条約をはじめとする安政の五カ国条約が締結され、諸外国との貿易が開始されると、金貨が流出する事態が生じ、幕府は新たに万延小判を鋳造した。

　明治新政府は、1860年代末に、太政官札や民部省札といった不換紙幣を発行したが、金貨・銀貨・銭貨や藩札なども混在しており、貨幣制度は混乱した。そうしたなかで、政府は(b)1871年に金本位をたてまえとする新貨条例を、その翌年には民間の力も利用した兌換制度の確立をめざして国立銀行条例を定めた。

　1881年に着手された松方財政では、増税、歳出の抑制、(c)官営事業の払下げなどにより財政再建がはかられ、1882年には中央銀行として日本銀行が設立された。そして歳入の余剰で不換紙幣の整理や正貨の蓄積が進められ、1885年の銀兌換紙幣の発行によって銀本位制が確立し、翌年に銀兌換が開始された。

　1890年代になると、銀価が急激に低落する事態が生じた。これにともなう円の為替相場の下落は、輸出促進・輸入抑制のプラス効果を持つ一方、金本位制度をとる国々からの機械・鉄鋼・綿花などの輸入品は割高となり、為替相場の大幅な変動が貿易の阻害要因となった。

　銀本位制の維持が貿易にマイナスの影響をもたらすなかで、1897年に第2次松方正義内閣のもとで貨幣法が制定された。同法では純金の量目2分が1円とされ、これにより金本位制が確立した。金本位制の確立にあたり、(d)日清戦争で得た賠償金の一部が準備金とされた。

　第一次世界大戦が勃発すると、参戦国があいついで金本位制を一時中断するなかで、(e)貨幣法制定から20年後にあたる1917年、寺内正毅内閣も、金輸出禁止を決定する措置をとった。昭和時代に入ると（　　　　　ア　　　　　）

　第二次世界大戦後の1948年、連合国軍最高司令官総司令部（ＧＨＱ／ＳＣＡＰ）は、予算均衡・徴税強化・資金貸出制限などを内容とする経済安定九原則を示した。翌1949年には、ドッジの立案にもとづくドッジ＝ラインの一環として、1ドル＝360円の単一為替レートが設定された。この相場の長期にわたる維持は、(f)高度経済成長の一因だったともいわれている。

　1960年代後半、ベトナム戦争などを背景に、アメリカ経済の疲弊が顕著になると、ニクソン大統領は1971年に金・ドル交換停止などの措置をとり、日本に円の大幅な切上げを要求した。このニクソン＝ショックを受け、(g)1ドル＝308円とする通貨調整がはかられた。

問1　下線部(a)に関連して述べた文として**誤っているもの**を、次の①〜④のうちから一つ選べ。
16

① 井上清直らによって日米修好通商条約が調印された後、海防掛が廃止され、外国奉行が設けられた。

② 日米修好通商条約では江戸・大坂の開市が定められたが、これらの開市が実現したのは1860年代後半であった。

③ 金銀の交換は、日本では1：15の比率でおこなわれており、諸外国と異なっていたことが金貨流出の原因となった。

④ 新たに鋳造された万延小判は、天保小判に比して重さも金の含有量も3分の1程度だったため、物価上昇に拍車をかけた。

問2　下線部(b)に関連して述べた文として**誤っているもの**を、次の①〜④のうちから一つ選べ。
17

① 円・銭・厘の単位や十進法を採用した新貨条例にもとづき新硬貨が発行され、1円金貨の金の含有量は0.75グラムとされた。

② 1872年に制定された国立銀行条例にもとづいて設立された国立銀行は、渋沢栄一が頭取となった第一国立銀行など、4行にとどまった。

③ 1876年に国立銀行条例が改正され、国立銀行券の正貨との兌換義務が撤廃されると、新たに150ほどの国立銀行が設立された。

④ 1883年に国立銀行条例は再改正され、国立銀行は銀行券の発行権を失い、普通銀行へと転換するようになった。

問3　下線部(c)に関連して、官営工場・鉱山・造船所と払下げ先の組み合わせとして正しいものを、次の①〜④のうちから一つ選べ。
18

①　院内銀山 —— 三井　　　　②　新町紡績所 —— 三菱

③　兵庫造船所 —— 川崎正蔵　　④　釜石鉄山 —— 浅野総一郎

問4　下線部(d)に関連して、日清戦争の時期を中心とする国際情勢などを知ることのできる、陸奥宗光による外交記録の名称を、漢字3字で記せ。
28

問5　下線部(e)に関連して、1897年から1917年の出来事について述べた次のⅠ～Ⅲの文を読み、年代が古い順に正しく配列したものを、あとの①～④のうちから一つ選べ。　19

Ⅰ　帝国国防方針が策定され、陸軍では八個師団の増加を、海軍では八八艦隊の達成がめざされるようになった。

Ⅱ　立憲政友会と立憲国民党が内閣不信任案を議会に提出し、それを支持する民衆によって議会が包囲される事件がおこった。

Ⅲ　第4次日露協約により、日露両国は極東における特殊権益を相互に再確認し、中国が日露以外の列強の支配下におかれないように密約した。

①　Ⅰ→Ⅱ→Ⅲ　　　②　Ⅲ→Ⅱ→Ⅰ　　　③　Ⅱ→Ⅰ→Ⅲ　　　④　Ⅰ→Ⅲ→Ⅱ

問6　空欄（　ア　）にあてはまる文章を、浜口雄幸内閣の蔵相のもとでとられた措置がもたらした、国際情勢に関わる日本経済の変動、犬養毅内閣の蔵相のもとでとられた措置に関係する制度にふれながら、80字以内で記せ。　29

問7　下線部(f)に関連して、高度経済成長期とされる1955年から1973年にかけての日本経済に関わる政策や出来事について述べた文として正しいものを、次の①～④のうちから一つ選べ。　20

①　経済成長をうながすために、輸出振興を目的とする日本輸出銀行や、産業資金の供給を担う日本開発銀行が設立された。

②　機械・設備の近代化がめざされるなかで、税制上の優遇措置を設けるなど、企業の設備投資を促すために企業合理化促進法が制定された。

③　政府主導の計画造船が進められるなかで、日本の造船量はイギリスを抜いて、世界第1位となった。

④　世界のGNP（国民総生産）に占める日本の比重は、約10％に達するようになり、日本は「経済大国」となった。

問8　下線部(g)に関連して、1971年、円の切上げなどを内容とする、ワシントンの博物館で締結された協定にもとづく通貨体制の名称を、8字で記せ。　30

歴史能力検定 第41回（2022年）

1級—日本史 解答・解説

1—④	2—③	3—④	4—③	5—③
6—③	7—②	8—④	9—④	10—②
11—②	12—①	13—③	14—①	15—②
16—③	17—①	18—③	19—①	20—③

21—白保竿根田原　22—捨身飼虎図　23—肖柏　24—春屋妙葩

25—文明論之概略

26—徳川斉昭は、三河の加茂一揆や甲斐の郡内騒動、大塩の乱などを
　　内憂、モリソン号事件などを外患ととらえ、将軍の徳川家慶に「戊
　　戌封事」を提出して、幕政の改革を要求した。（80字）

27—弘道館記述義　28—蹇蹇録（蹇々録）

29—井上準之助のもとで金解禁が断行されたが、世界恐慌の影響もあ
　　り、日本は昭和恐慌に陥った。高橋是清のもとで金輸出再禁止の
　　措置がとられ、日本は管理通貨制度に移行した。（80字）

30—スミソニアン体制

1

21．白保竿根田原洞穴人は、沖縄県石垣市で確認された。複
　数の人骨には、約2万4000年前の人骨が含まれている。
1．①亀ヶ岡式土器は晩期、隆起線文土器は草創期に使用さ
　れた。②ひすい（硬玉）は交易により、産地の姫川から離
　れた場所でも使用された。③銅鐸の出土は近畿地方を中心
　に分布している。
2．③茨城県虎塚古墳の壁画。
3．④8世紀に出された国分寺建立の詔の一部。①は渡来人
　司馬達等が私的に仏像を礼拝していたとする522年の記事
　（『扶桑略記』）。②は552年（『日本書紀』）、③は538年（『上
　宮聖徳法王帝説』）の仏教公伝に関する記事。
22．『捨身飼虎図』は、釈迦が飢えた虎の親子に出会い、自ら
　の身を与えて救おうと崖から身を投げる場面を描いたもの。
4．Ⅱ「粟田真人が帰国」したのは704年。Ⅰ「阿倍仲麻呂」
　が入唐したのは717年。Ⅲ「円仁」が帰国したのは847年。
5．①「謀反や不孝」は八虐に含まれ、有位者でも減免され
　なかった。②「仏事や外交事務」は治部省、「民政・財政」
　は民部省、「詔書の作成」は中務省が担った。④聖武天皇の
　時代には、天平十五年の格にあたる墾田永年私財法が出さ
　れた。「養老七年に出された格」とは元正天皇の時代に出さ

れた三世一身法。
6．③「不動明王二童子像」は青蓮院に伝わる、いわゆる青
　不動。園城寺不動明王像は黄不動の通称で知られる。

2

7．②長男忠通と不仲だった藤原忠実は、次男の頼長を氏長
　者とした。こうした動きは保元の乱の一因となった。
8．④近衛天皇が急死した後に即位したのが後白河天皇。
9．①東大寺や興福寺は、平重盛ではなく平重衡によって焼
　打ちされた。②寛喜の飢饉ではなく養和の飢饉が正しい。
　③一の谷の合戦では、源頼朝によって派遣された源義経ら
　が平氏と戦闘を展開して勝利した。
23．肖柏は室町時代の連歌師、歌人。『水無瀬三吟百韻』は、
　後鳥羽院の水無瀬の廟に奉納するため、宗祇とその高弟の
　肖柏、宗長の3人が詠んだもの。
10．②応仁の乱の頃に戦場で狼藉をはたらいた足軽について
　記した史料（『樵談治要』）。①刈田狼藉・使節遵行に関する
　史料、③は半済令（ともに「建武以来追加」）で、いずれも
　守護権限の拡大に関する史料 。④は『神皇正統記』からの
　引用で、宮都や年号が2つ存在していたことが読みとれる。
24．五山を管理する僧録司は相国寺におかれ、1379年、初代
　僧録には春屋妙葩が任じられた。

11.　Ⅲ『山王霊験記絵巻』に、「高利貸業者」などが描かれ
　　たのは鎌倉時代。ここでいう高利貸業者とは、借上のこと。
　　Ⅱ「大和の民衆によって、『カンヘ四カンカウニヲキメアル
　　ヘカラス』」といった文字が、巨石に刻まれた」のは、室町
　　時代。1428年の正長の徳政一揆の際の徳政碑文について説
　　明したもの。Ⅰ神屋（谷）寿禎が灰吹法をもたらしたのは、
　　戦国時代。

3

25.　福沢諭吉の『文明論之概略』は、1875年に刊行された、
　　文明開化が国家独立の土台となることなどを説いた書。
12.　織田信長が Ⅰ「城の名前を岐阜城と改めた」のは1567年。
　　Ⅱ「伊勢長島の一向一揆と衝突し、最終的に鎮圧した」の
　　は1574年。Ⅲ「加賀の一向一揆を平定した」のは1580年。
13.　①水呑は村政の運営に関わることができなかった。②上
　　層の僧侶や神官らは武士と同じく支配身分とされた。④享
　　保の改革で採用された足高の制では、役高に満たない禄高
　　の者に対し、在職分のみ不足分を支給する措置がとられた。
14.　②『宇内混同秘策』は佐藤信淵の著作。本多利明は『西
　　域物語』や『経世秘策』を著した。③「朝鮮・琉球・蝦夷
　　地３国を図示して解説した」のは林子平の『三国通覧図説』。
　　工藤平助は『赤蝦夷風説考』を著した。④「京都伏見の神
　　職であった」のは荷田春満。賀茂真淵は遠江の神職の子。
15.　②は天明の打ちこわしに関する記述。①は文政の異国船
　　打払令の一部。③は天保の改革で出された人返しの法の一
　　部。④は1844（弘化元）年に幕府に送られたオランダ国王
　　の開国勧告の一部。
26.　「この人物は、どのような出来事を『内憂』、『外患』とと
　　らえ、当時の将軍に対して何を求めたのか」について、「こ
　　の上申書の名称、『内憂』に関わる史料中の下線部の出来事
　　の具体的名称、『外患』に関わる1837年の事件名」をあげな
　　がら説明する。この人物（水戸藩主）とは徳川斉昭、「当時
　　の将軍」とは12代将軍の徳川家慶、「上申書の名称」は戊戌
　　封事である。「『内憂』に関わる史料中の下線部」の「参州・
　　甲州の百姓一揆」は三河の加茂一揆と甲斐の郡内騒動、「大
　　坂の奸賊容易ならざる企」は大塩の乱を、『外患』に関わ
　　る1837年の事件名」はモリソン号事件を指している。「何を
　　求めたのか」については、（内憂外患を背景に）改革を求め
　　たことが指摘すべき内容となる。このように、設問や史料
　　にある人物や文書、事件など、抽象化された表現を具体化
　　してまとめていけばよい。
27.　藤田東湖の『弘道館記述義』は『弘道館記』の解説書で、
　　東湖は同書で尊王攘夷思想を説いた。『弘道館記』は水戸藩
　　の藩校である弘道館の建学の趣旨を述べた書。

4

16.　③金銀の交換は、諸外国では１：15、日本では１：５の
　　比率でおこなわれていた。
17.　①新貨条例では、１円金貨の金の含有量は1.5グラムで

あった。1897年の貨幣法によって、0.75グラムに変更され
た。
18.　①院内銀山は古河市兵衛、②新町紡績所は三井、④釜石
　　鉄山は田中長兵衛に払い下げられた。
28.　陸奥宗光の著である『蹇蹇録』は、1895年末に脱稿した
　　外交記録である。外務省の機密文書を引用した外交秘録の
　　ため、当時一般に流布することはなかった。しかし、1929
　　年に「伯爵陸奥宗光遺稿」として初めて公表され、1933年に
　　岩波文庫所収となり、広く知られるようになった。
19.　Ⅰ「帝国国防方針が策定」されたのは1907年。Ⅱは第３
　　次桂内閣の時の第一次護憲運動・大正政変について説明し
　　たもので、1913年。Ⅲ「第４次日露協約」が結ばれたのは
　　1916年。
29.　「空欄（　ア　）にあてはまる文章」を記すことを要求
　　し、「浜口雄幸内閣の蔵相のもとでとられた措置がもたら
　　した、国際経済に関わる日本経済の変動、犬養毅内閣の蔵
　　相のもとでとられた措置に関係する制度」にふれることを
　　条件とする問題だった。抽象化された人名を具体化する必
　　要があるため「浜口雄幸内閣の蔵相」である井上準之助、
　　「犬養毅内閣の蔵相」高橋是清を明示することは不可欠で
　　ある。井上準之助のもとで「とられた措置」とは金解禁（金
　　輸出解禁）、高橋是清のもとで「とられた措置」とは金輸
　　出再禁止である。問題文の流れが、「金本位制の確立……
　　第一次世界大戦が勃発すると……金輸出禁止を決定する
　　措置をとった」とされているため、金解禁や金輸出再禁止
　　を示す必要があった。「浜口雄幸内閣の蔵相のもとでとら
　　れた措置がもたらした、国際情勢に関わる日本経済の変
　　動」から、世界恐慌の影響を受けた昭和恐慌についても求
　　められていると判断すべきである。「犬養毅内閣の蔵相の
　　もとでとられた措置に関係する制度」とは、管理通貨制度
　　である。1930年から翌年にかけての通貨制度を、日本の経
　　済状況と関連づけて述べることを求めた問題であった。
20.　③日本の造船量がイギリスを抜いて、世界第１位となっ
　　たのは1956年。①日本輸出銀行は1950年、日本開発銀行は
　　1951年に設立された。②企業合理化促進法が制定された
　　のは1952年。④世界のGNP（国民総生産）に占める日本の
　　比重が約10％に達するようになったのは1980年。
30.　ニクソン米大統領は、1971年、金とドルとの交換停止や
　　10％の輸入課徴金などを内容とする新経済政策を発表し、
　　日本や西ドイツなどの国際収支黒字国に対しては為替レー
　　トの切上げを要求した（ニクソン＝ショック）。各国が変動
　　相場制に移行し、ブレトン＝ウッズ（ＩＭＦ）体制がゆら
　　ぐなかで、1971年12月にはワシントンのスミソニアン博物
　　館で10カ国蔵相会議が開かれた。そこで１ドル＝308円とす
　　るなど、主要国通貨のドルに対する切上げが合意され、固
　　定相場制に復帰した（スミソニアン体制）が、長くは続か
　　ず、1973年には変動相場制に移行した。

【写真所蔵・提供】ひたちなか市教育委員会所蔵（1－問3）

5級 歴史入門 歴史能力検定

フリガナ

氏名

	性別
男 ○	
女 ○	

受験番号

（マークシート欄：0〜9）

生年月日（西暦）

年　月　日

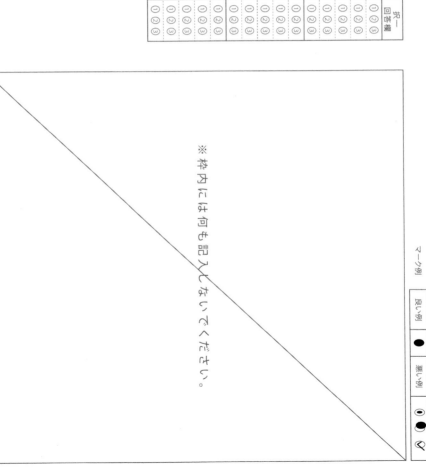

択一回答欄

問題番号	択一回答欄
1	① ② ③
2	① ② ③
3	① ② ③
4	① ② ③
5	① ② ③
6	① ② ③
7	① ② ③
8	① ② ③
9	① ② ③
10	① ② ③
11	① ② ③
12	① ② ③
13	① ② ③
14	① ② ③
15	① ② ③
16	① ② ③
17	① ② ③
18	① ② ③
19	① ② ③
20	① ② ③
21	① ② ③
22	① ② ③
23	① ② ③
24	① ② ③
25	① ② ③

問題番号	択一回答欄
26	① ② ③
27	① ② ③
28	① ② ③
29	① ② ③
30	① ② ③
31	① ② ③
32	① ② ③
33	① ② ③
34	① ② ③
35	① ② ③
36	① ② ③
37	① ② ③
38	① ② ③
39	① ② ③
40	① ② ③

● 受験番号、生年月日は必ずマークしてください。
● マークの中にHB以上の濃い鉛筆、シャープペンシルでマークしてください。
● 訂正は消しゴムでしっかり消してください。
● 生年月日の欄のすべての列を正しく記入し、マークしてください。
例）1975年1月1日生まれの方は 19750101 と記入し生年月日の全列をマークしてください。

マーク例

良い例	悪い例
●	◐ ◑ ◯

※枠内には何も記入しないでください。

4級 歴史基本　歴史能力検定

フリガナ

氏名

性別　男 ○　女 ○

受験番号

生年月日（西暦）　年　月　日

問題番号	択一回答欄
1	① ② ③ ④
2	① ② ③ ④
3	① ② ③ ④
4	① ② ③ ④
5	① ② ③ ④
6	① ② ③ ④
7	① ② ③ ④
8	① ② ③ ④
9	① ② ③ ④
10	① ② ③ ④
11	① ② ③ ④
12	① ② ③ ④
13	① ② ③ ④
14	① ② ③ ④
15	① ② ③ ④
16	① ② ③ ④
17	① ② ③ ④
18	① ② ③ ④
19	① ② ③ ④
20	① ② ③ ④
21	① ② ③ ④
22	① ② ③ ④
23	① ② ③ ④
24	① ② ③ ④
25	① ② ③ ④

問題番号	択一回答欄
26	① ② ③ ④
27	① ② ③ ④
28	① ② ③ ④
29	① ② ③ ④
30	① ② ③ ④
31	① ② ③ ④
32	① ② ③ ④
33	① ② ③ ④
34	① ② ③ ④
35	① ② ③ ④
36	① ② ③ ④
37	① ② ③ ④
38	① ② ③ ④
39	① ② ③ ④
40	① ② ③ ④
41	① ② ③ ④
42	① ② ③ ④
43	① ② ③ ④
44	① ② ③ ④
45	① ② ③ ④
46	① ② ③ ④
47	① ② ③ ④
48	① ② ③ ④
49	① ② ③ ④
50	① ② ③ ④

※枠内には何も記入しないでください。

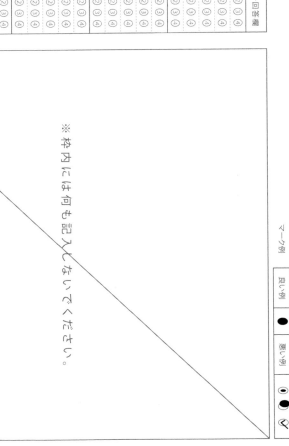

準3級　日本史　歴史能力検定

フリガナ

氏名

受験番号

生年月日（西暦）

年　月　日

性別　男　女　○　○

択一回答欄

問題番号	択一回答欄
1	① ② ③ ④
2	① ② ③ ④
3	① ② ③ ④
4	① ② ③ ④
5	① ② ③ ④
6	① ② ③ ④
7	① ② ③ ④
8	① ② ③ ④
9	① ② ③ ④
10	① ② ③ ④
11	① ② ③ ④
12	① ② ③ ④
13	① ② ③ ④
14	① ② ③ ④
15	① ② ③ ④
16	① ② ③ ④
17	① ② ③ ④
18	① ② ③ ④
19	① ② ③ ④
20	① ② ③ ④
21	① ② ③ ④
22	① ② ③ ④
23	① ② ③ ④
24	① ② ③ ④
25	① ② ③ ④

問題番号	択一回答欄
26	① ② ③ ④
27	① ② ③ ④
28	① ② ③ ④
29	① ② ③ ④
30	① ② ③ ④
31	① ② ③ ④
32	① ② ③ ④
33	① ② ③ ④
34	① ② ③ ④
35	① ② ③ ④
36	① ② ③ ④
37	① ② ③ ④
38	① ② ③ ④
39	① ② ③ ④
40	① ② ③ ④
41	① ② ③ ④
42	① ② ③ ④
43	① ② ③ ④
44	① ② ③ ④
45	① ② ③ ④
46	① ② ③ ④
47	① ② ③ ④
48	① ② ③ ④
49	① ② ③ ④
50	① ② ③ ④

●受験番号、生年月日は必ずマークしてください。
●マークの中にHB以上の黒鉛筆、シャープペンシルでマークしてください。
●訂正は消しゴムでしっかり消してください。
●生年月日の欄のすべての列を正しく記入し、マークしてください。
例）1975年1月1日生まれの方は 19750101 と記入し生年月日の全列をマークしてください。

マーク例　良い例 ●　悪い例 ◐ ◑ ✓

※枠内には何も記入しないでください。

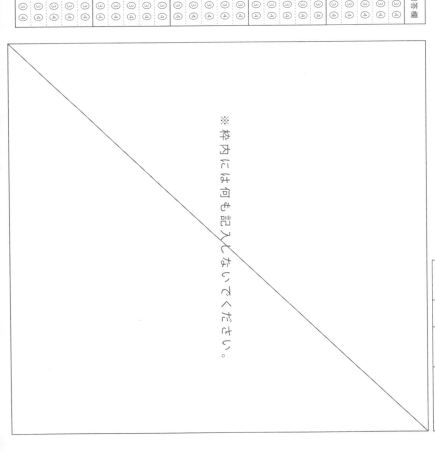

3級 日本史 歴史能力検定

フリガナ

氏名

性別 男 ○ 女 ○

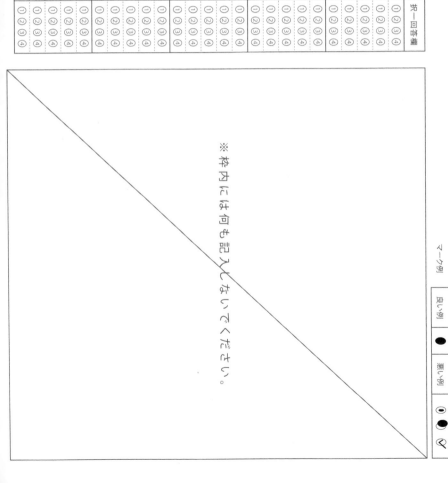

受験番号

生年月日（西暦） 年 月 日

問題番号	択一回答欄
1	① ② ③ ④
2	① ② ③ ④
3	① ② ③ ④
4	① ② ③ ④
5	① ② ③ ④
6	① ② ③ ④
7	① ② ③ ④
8	① ② ③ ④
9	① ② ③ ④
10	① ② ③ ④
11	① ② ③ ④
12	① ② ③ ④
13	① ② ③ ④
14	① ② ③ ④
15	① ② ③ ④
16	① ② ③ ④
17	① ② ③ ④
18	① ② ③ ④
19	① ② ③ ④
20	① ② ③ ④
21	① ② ③ ④
22	① ② ③ ④
23	① ② ③ ④
24	① ② ③ ④
25	① ② ③ ④

問題番号	択一回答欄
26	① ② ③ ④
27	① ② ③ ④
28	① ② ③ ④
29	① ② ③ ④
30	① ② ③ ④
31	① ② ③ ④
32	① ② ③ ④
33	① ② ③ ④
34	① ② ③ ④
35	① ② ③ ④
36	① ② ③ ④
37	① ② ③ ④
38	① ② ③ ④
39	① ② ③ ④
40	① ② ③ ④
41	① ② ③ ④
42	① ② ③ ④
43	① ② ③ ④
44	① ② ③ ④
45	① ② ③ ④
46	① ② ③ ④
47	① ② ③ ④
48	① ② ③ ④
49	① ② ③ ④
50	① ② ③ ④

● 受験番号、生年月日は必ずマークしてください。
● マークの中にHB以上の黒鉛筆、シャープペンシルでマークしてください。
● 訂正は消しゴムでしっかり消してください。
● 生年月日の欄のすべての列を正しく記入し、マークしてください。
例）1975年1月1日生まれの方は 19750101 と記入し生年月日の全列をマークしてください。

マーク例

良い例	悪い例
●	◑ ◐ ☑

※ 枠内には何も記入しないでください。

2級 世界史 歴史能力検定

フリガナ

氏名

性別 男 ○ 女 ○

受験番号

生年月日（西暦）
年　月　日

問題番号	択一回答欄
1	① ② ③ ④
2	① ② ③ ④
3	① ② ③ ④
4	① ② ③ ④
5	① ② ③ ④
6	① ② ③ ④
7	① ② ③ ④
8	① ② ③ ④
9	① ② ③ ④
10	① ② ③ ④
11	① ② ③ ④
12	① ② ③ ④
13	① ② ③ ④
14	① ② ③ ④
15	① ② ③ ④
16	① ② ③ ④
17	① ② ③ ④
18	① ② ③ ④
19	① ② ③ ④
20	① ② ③ ④
21	① ② ③ ④
22	① ② ③ ④
23	① ② ③ ④
24	① ② ③ ④
25	① ② ③ ④

問題番号	択一回答欄
26	① ② ③ ④
27	① ② ③ ④
28	① ② ③ ④
29	① ② ③ ④
30	① ② ③ ④
31	① ② ③ ④
32	① ② ③ ④
33	① ② ③ ④
34	① ② ③ ④
35	① ② ③ ④
36	① ② ③ ④
37	① ② ③ ④
38	① ② ③ ④
39	① ② ③ ④
40	① ② ③ ④
41	① ② ③ ④
42	① ② ③ ④
43	① ② ③ ④
44	① ② ③ ④
45	① ② ③ ④

問題番号	記述
46	
47	
48	
49	
50	

● 受験番号、生年月日は必ずマークしてください。
● マークの中に HB 以上の黒鉛筆、シャープペンシルでマークしてください。
● 訂正は消しゴムできれいに消してください。
● 生年月日の欄のすべての列を正しく記入し、マークしてください。
例）1975 年 1 月 1 日生まれの方は 19750101 と記入し生年月日の全列をマークしてください。

マーク例

良い例　● 悪い例

2級 日本史 歴史能力検定

フリガナ

氏名

性別	
男	○
女	○

受験番号

（マークシート記入欄：0〜9）

生年月日（西暦）

年　月　日

（マークシート記入欄：0〜9）

問題番号	択一回答欄
1	① ② ③ ④
2	① ② ③ ④
3	① ② ③ ④
4	① ② ③ ④
5	① ② ③ ④
6	① ② ③ ④
7	① ② ③ ④
8	① ② ③ ④
9	① ② ③ ④
10	① ② ③ ④
11	① ② ③ ④
12	① ② ③ ④
13	① ② ③ ④
14	① ② ③ ④
15	① ② ③ ④
16	① ② ③ ④
17	① ② ③ ④
18	① ② ③ ④
19	① ② ③ ④
20	① ② ③ ④
21	① ② ③ ④
22	① ② ③ ④
23	① ② ③ ④
24	① ② ③ ④
25	① ② ③ ④

問題番号	択一回答欄
26	① ② ③ ④
27	① ② ③ ④
28	① ② ③ ④
29	① ② ③ ④
30	① ② ③ ④
31	① ② ③ ④
32	① ② ③ ④
33	① ② ③ ④
34	① ② ③ ④
35	① ② ③ ④
36	① ② ③ ④
37	① ② ③ ④
38	① ② ③ ④
39	① ② ③ ④
40	① ② ③ ④
41	① ② ③ ④
42	① ② ③ ④
43	① ② ③ ④
44	① ② ③ ④
45	① ② ③ ④

●受験番号、生年月日は必ずマークしてください。
●マークの中にHB以上の黒鉛筆、シャープペンシルでマークしてください。
●訂正は消しゴムでしっかり消してください。マークし、マークしてください。
●生年月日の欄のすべての列を正しく記入し、マークしてください。
例）1975年1月1日生まれの方は19750101と記入し生年月日の全列をマークしてください。

マーク例

良い例	悪い例
●	◐ ◑ ✓

問題番号	記述
46	
47	
48	
49	
50	

1級 世界史 歴史能力検定

フリガナ

氏名

性別　男　女

受験番号

生年月日（西暦）　年　月　日

マーク例　良い例　●　悪い例

問題番号　択一回答欄

問題番号	択一回答欄
1	① ② ③ ④
2	① ② ③ ④
3	① ② ③ ④
4	① ② ③ ④
5	① ② ③ ④
6	① ② ③ ④
7	① ② ③ ④
8	① ② ③ ④
9	① ② ③ ④
10	① ② ③ ④
11	① ② ③ ④
12	① ② ③ ④
13	① ② ③ ④
14	① ② ③ ④
15	① ② ③ ④
16	① ② ③ ④
17	① ② ③ ④
18	① ② ③ ④
19	① ② ③ ④
20	① ② ③ ④

記述・論述（1級）

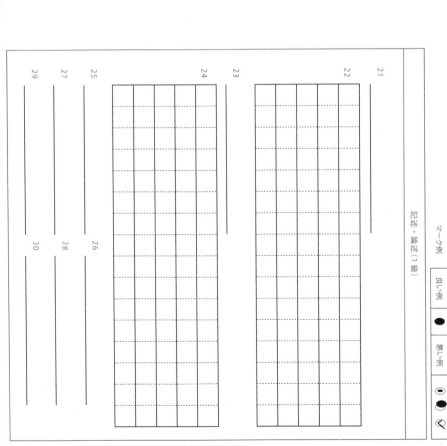

21　22　23　24　25　26　27　28　29　30

1級　日本史　歴史能力検定

フリガナ

氏名

性別　男 ○　女 ○

受験番号

⓪	⓪	⓪	⓪	⓪
①	①	①	①	①
②	②	②	②	②
③	③	③	③	③
④	④	④	④	④
⑤	⑤	⑤	⑤	⑤
⑥	⑥	⑥	⑥	⑥
⑦	⑦	⑦	⑦	⑦
⑧	⑧	⑧	⑧	⑧
⑨	⑨	⑨	⑨	⑨

生年月日（西暦）

年　月　日

年				月		日	
⓪	⓪	⓪	⓪	⓪	⓪	⓪	⓪
①	①	①	①	①	①	①	①
②	②	②	②	②	②	②	②
③	③	③	③	③	③	③	③
④	④	④	④	④	④	④	④
⑤	⑤	⑤	⑤	⑤	⑤	⑤	⑤
⑥	⑥	⑥	⑥	⑥	⑥	⑥	⑥
⑦	⑦	⑦	⑦	⑦	⑦	⑦	⑦
⑧	⑧	⑧	⑧	⑧	⑧	⑧	⑧
⑨	⑨	⑨	⑨	⑨	⑨	⑨	⑨

択一回答欄

問題番号		
1	① ② ③ ④
2	① ② ③ ④
3	① ② ③ ④
4	① ② ③ ④
5	① ② ③ ④
6	① ② ③ ④
7	① ② ③ ④
8	① ② ③ ④
9	① ② ③ ④
10	① ② ③ ④
11	① ② ③ ④
12	① ② ③ ④
13	① ② ③ ④
14	① ② ③ ④
15	① ② ③ ④
16	① ② ③ ④
17	① ② ③ ④
18	① ② ③ ④
19	① ② ③ ④
20	① ② ③ ④

●受験番号、生年月日は必ずマークしてください。
●マークの中にHB以上の黒鉛筆、シャープペンシルでマークしてください。
●訂正は消しゴムできれいに消してください。
●生年月日の欄のすべての列を正しく記入し、マークしてください。
例）1975年1月1日生まれの方は 19750101 と記入し生年月日の全列をマークしてください。

マーク例　良い例 ●　悪い例 ◐ ◑ ⊘

記述・論述（1級）

21

22

23

24

25

26

27

28

29

30